Martin Knispel

Wo deine Seele zu Hause ist

MARTIN KNISPEL

Wo deine Seele zu Hause ist

Entdecke einen Glauben, der dich durchs Leben trägt

adeo

Inhalt

Vorwort: Ein neuer Aufbruch

Ich sitze in einem Gottesdienst in einem Slum von Accra in Ghana. Es ist heiß. Aber der Trommler bearbeitet mit Inbrunst sein Instrument, und viele Besucher tanzen um den Altar. Der Prediger hält einen langen Sermon. Alle bestätigen ihn mit lauten Rufen: *Amen! We believe! Yes, Lord.* Das geht dann lange so weiter in einem beständigen Wechsel von Auslegungen des Predigers und enthusiastischen Bestätigungen aus dem Publikum: *Yes, so true! Du hast recht! Gott ist gut.* Mit Kirche in deutschem Sinn hat das wenig zu tun, aber es ist richtig gut! Die Menschen sind jedenfalls mit ganzem Herzen dabei und schöpfen Kraft für den mühsamen Alltag.

Ich stehe auf dem Dach des Hotels in Jordanien. Es wird Abend, die Sonne geht unter. Auf der Straße hupen die Autos, am Kreisverkehr ist wie immer Stau. Im Hinterhof des nahe gelegenen Restaurants klappern die Angestellten mit Töpfen, eine Katze rennt mit lautem Miauen davon. Und plötzlich, wie von einer unsichtbaren Hand gesteuert, erschallt aus unendlich vielen Lautsprechern in unserem Viertel der Ruf zum Gebet: „Allahu akbar!" In vielen Tonlagen und mit unterschiedlicher Geschwindigkeit gehen die Rufe und Gebete durcheinander und verbinden sich zu einer eindrucksvollen Geräuschkulisse. Nach und nach kommt das Leben zur Ruhe, die Menschen sammeln sich zum Gebet. Stille und Sammlung, Ausrichtung auf das Eine, mitten im Trubel des Alltags.

Ich sitze in einem abgelegenen Kloster in Thüringen in meinem warmen Zimmer. Es ist Winter, draußen fällt ein leichter Nieselregen. Da läuten die Glocken zum Abendgebet. Ich eile nach nebenan und nehme im Kirchraum Platz. Vorn leuchtet eine Kerze am Altar. Die Schwestern und Brüder sitzen auf Abstand, versunken ins Gebet. Ein Vorsänger steht auf, und wir stimmen nach und nach ein. Seit Jahrhunderten wurde hier gebetet, und nun sammeln sich seit wenigen Jahren wieder Menschen an diesem neu aufgebauten Ort, um Gott zu begegnen.

Die Welt atmet Religion.
Glaube, Gebet, Spiritualität – wir finden sie
an allen Enden der Erde.

Wo immer man in unserer Welt hinblickt, die Menschheit ist durch und durch religiös. Keine Kultur und kein Volk auf diese Erde existierten je ohne Religion, und keine Religion existiert ohne eine Form von Gottesdienst, Besinnung oder Ritual. Wo auch immer ich hinkomme, mit Ausnahme einiger weniger europäischer Orte, begegnen mir viele unterschiedliche Formen religiösen Lebens. Die Welt atmet Religion. Glaube, Gebet, Spiritualität – wir finden sie an allen Enden der Erde.

Aber auch das erfahren wir immer wieder, wenn wir genauer hinschauen: Glaube ist nicht gleich Glaube. Da gibt es deutliche Unterschiede. Und nicht jede Form von Religion und Glaube ist gut und gesund. Ja, Religionen geben den Menschen Sinn und Halt. Sie klären die wesentlichen Fragen des Daseins. Religionen ordnen das Leben, sie geben Orientierung. Sie geben dem

Leben einen Rahmen. Es gibt aber auch Formen von Religion, die Menschen in falsche Abhängigkeiten bringen. Die die Angst fördern. In denen Macht missbraucht wird. Es gibt Ausprägungen des Glaubens, die Menschen knechten und krank machen. Vor ihnen muss man warnen.

Im Namen von Religion wurde das Leben gefeiert – man denke nur an den freudigen Ausruf jüdischer Gläubiger: „Le Chaim" – auf das Leben! Der Trinkspruch sagt: Es lohnt sich, das Leben zu genießen, auch wenn nicht alle Tage schön sind. Jüdischer Glaube ist wesentlich geprägt von der lebensbejahenden Freude über Gott und seine Gaben. Er atmet Lebensfreude, ein Ja zum Leben und zur Entfaltung des Lebens. Und das bis heute – trotz und angesichts einer schweren, leidvollen eigenen Geschichte. Glaube hat Tragkraft.

Im Namen der Religion wurden aber auch Kriege geführt. Menschen wurden grausam verfolgt und unterdrückt. Im Namen der Religion wurden Länder eingenommen und ganze Völker vernichtet. Macht und Religion sind bis heute oft toxische Geschwister. Leider scheint kein Glaubenssystem davor gefeit zu sein, sich in missbräuchliche Strukturen zu verfangen. Ob es uns gefällt oder nicht, neben dem Islam steht das Christentum ebenso für diese dunkle Seite der Religion wie der Buddhismus und der Hinduismus, die bei genauem Hinschauen nicht nur friedliche Seiten haben. Religionen stehen für das Beste im Menschen – und sie stehen zugleich für alle Abgründe. Sie wecken Leben, und sie bringen Verderben. Sie helfen Menschen, in ihrem Leben zurechtzukommen, und sie können Leben klein und eng machen. Leben und Verderben – Religion kann das eine wie das andere hervorbringen.

Es ist deshalb gut, in Fragen der Religion und des Glaubens

genau hinzuschauen. Wir sollten wählerisch sein. Seien wir anspruchsvoll, wenn es um die grundlegenden Fragen des Lebens geht. Es ist wie in der Politik: Man darf nicht alles glauben, was man erzählt bekommt. Die Bilder, die uns vor Augen gemalt werden, halten der Wirklichkeit oft nicht stand. Nicht selten entpuppen sie sich als Wunschbilder, als Ideale, die nicht eingehalten werden. Im schlimmsten Fall sind sie Zerrbilder. Dann müssen sie enttarnt und beiseitegelegt werden, wenn wir gesund bleiben wollen. Kurzum, Fragen des Glaubens gehören wie alle wichtigen Fragen unseres Lebens auf den Prüfstand. Es ist ein Zeichen von Reife, wenn wir uns diesen Fragen stellen, wenn wir sie uns zumuten. Sie sollen gesunden Glauben wecken und Fehlhaltungen aufdecken.

Seien wir anspruchsvoll, wenn es um die grundlegenden Fragen des Lebens geht.

Ich bin grundlegend davon überzeugt, dass der Glaube für gelingendes Leben wichtig ist. Hier werden die Fragen nach dem Sinn des Lebens beantwortet. Woher kommst du? Wie gelingt dein Leben? Wohin gehst du? Was trägt dich? Wozu befähigt dich dein Glaube? Wer hält dich, wenn dein Leben auf Abwege gerät? Wenn du vom Leben gezeichnet bist? Wenn du falsch abgebogen bist und wieder umkehren möchtest? Hat der Glaube an den Schnittstellen des Lebens Bedeutung, und schenkt er gerade dann Halt? Wenn ja, dann ist er tragfähig. Sonst nicht.

* * *

Eine der spannendsten Gattungen der Literatur sind für mich Biografien. Sie sind für den Leser wie ein Spiegel für das Leben in all seinen Schattierungen. In ihnen entdecken wir, wie sich Menschen im Lauf der Jahre verändern. Nicht nur, dass aus Kindern Erwachsene werden, sondern im Laufe des Lebens wandeln sich auch Einstellungen, Einsichten, Haltungen und Werte. Irgendwann gelangt ein Mensch zur Reife. Manche bleiben auch unterwegs stehen, andere entwickeln eine zunehmende Verhärtung oder schlimmstenfalls Verbitterung gegenüber dem Leben.

Unsere Spiritualität ist mit unserer Biografie eng verwoben. Glaube kann zur Reifung der Persönlichkeit beitragen, oder er kann eng machen. Er kann in die Weite führen oder hart machen. Nicht immer, aber oft hat die jeweilige Grundhaltung eines Menschen zum Leben etwas mit seiner Haltung zum Glauben zu tun.

Deshalb ist es ein gutes Zeichen, wenn sich die persönliche Spiritualität im Laufe des Lebens entsprechend der Entwicklung der eigenen Lebensgeschichte wandelt. Sie entfaltet sich zunehmend und verändert sich, sie reift oder sie verharrt in dem, was man in früheren Zeiten einmal erfahren hat. Entweder sie konserviert nur noch Erfahrung und Wissen aus alten Tagen, oder sie schöpft aus dem frischen Wasser, das uns das Leben immer wieder anbietet. Sie reift, oder sie wird schal.

So wie sich der Mensch im Laufe seines Lebens verändert, so verändert sich auch der Glaube. Das ist gut so und ein Zeichen von Lebendigkeit. Wer meint, glauben zu müssen wie die „Väter und Mütter", tut es oft gerade nicht, sondern hängt sich an Vorstellungen aus früheren Zeiten, die im Heute nicht unbedingt mehr tragen. Die Glaubensvorbilder aus vergangenen

Tagen sind ja oft genug gerade aus den ausgetretenen Wegen aufgebrochen in ein neues Land, nicht selten als die Rebellen ihrer Zeit. Sie haben Kritik und Ablehnung erfahren, wurden ausgeschlossen, aber sie sind ihren Weg gegangen. Oft entstanden so neue Formen des Glaubens.

***

Dieses Buch möchte Sie einladen, zu einer Reise aufzubrechen. Zu einer Glaubensreise, die Sie in Neuland führen kann.

Ich bin in meinem Leben beruflich oft aufgebrochen und umgezogen. Ich habe Dinge hinter mir gelassen und neues Land erobert. Das hat Freude gemacht und war schmerzhaft zugleich. Manchmal war ich froh, etwas abschließen zu können, aber der Wechsel hat auch Wunden geschlagen und Schmerzen bereitet. In allem aber hat es mich verändert, denn jeder Neuanfang hat meine alten Lebensgewohnheiten und Einstellungen infrage gestellt und weiterentwickelt.

Es wäre schön, wenn Sie auf dieser Reise für sich selbst entdecken, was von allem, was ich entfalten möchte, Sie persönlich anspricht, wo Sie hellhörig werden und mehr wissen möchten. Seien Sie neugierig. Es wird auch Abschnitte geben, die Sie nicht besonders ansprechen oder berühren. Das macht nichts, lassen Sie die getrost unbeachtet.

Noch eine Vorbemerkung: Ich komme aus der christlichen Tradition und fülle die Begriffe Glaube, Religion und Spiritualität dementsprechend mit christlichen Inhalten. Ich habe bewusst vorrangig den Begriff der Spiritualität gewählt, weil es mir nicht um ein System oder eine bestimmte Form von Kirche oder Glaubensgemeinschaft etc. geht, die viele Menschen mit dem Begriff „Religion“ verbinden. Diese Systeme sollen in diesem Buch nicht wie ein „weißer Elefant“ im Raum stehen und uns mit vielleicht negativen Erinnerungen behindern. Spirituelles Leben bedeutet für mich vielmehr eine Art zu leben und zu glauben, die offen dafür ist, geistliche Erfahrungen zu machen, sich führen zu lassen, aber auch gewisse Prinzipien anzuwenden, die dem Leben dienen und ein erfülltes Leben schenken.

Der, dem wir auf der Spur sind,
ist größer als unser
bruchstückhaftes Hinterhergehen.

Dies finde ich für meine Person im christlichen Glauben und bei dem Gott der Bibel. Ich bin in der evangelischen Kirche in Deutschland zu Hause, habe aber auch viele Kontakte und Beziehungen zu anderen inner- und außerkirchlichen Bewegungen und Gruppierungen. Ich empfinde die charismatische Bewegung als eine große Bereicherung und liebe die Klöster als Rückzugsort zum Auftanken. In den letzten Jahren habe ich den großen Schatz katholischer Spiritualität entdeckt und wunderbare Menschen kennengelernt, die so ganz anders und dennoch glaubwürdig unterwegs sind. Manchmal zucke ich etwas zurück, wenn mir Ansichten begegnen, die mir bis dahin völlig fremd waren. So sagte mir einmal ein tiefgläubiger Katholik, er erlebe Gott, wenn er in eine Kirche kommt und dort im Tabernakel das geweihte Brot, also nach katholischem Verständnis die Gegenwart Christi, präsent ist. „Ich spüre dann, dass Gott da ist.“ Wer bin ich, das zu bewerten?

Ich habe mir angewöhnt, das geistliche Maßband erst einmal in der Tasche zu lassen und zuzuhören. Dabei habe ich die Erfahrung gemacht, dass ich aus völlig unerwarteter Richtung bereichert wurde. Nicht alles finde ich gut und richtig. Es bleiben Fragen offen, aber ich hoffe verstanden zu haben, dass es darauf auch letztlich nicht mehr ankommt. Denn der, dem wir auf der Spur sind, ist größer als unser bruchstückhaftes Hinterhergehen.

Teil 1
Kennzeichen einer gesunden Spiritualität

Wenn Menschen gesund glauben, spürt man das. Solche Menschen ziehen mich an. Sie strahlen etwas Wohltuendes aus. Ich bin gern in ihrer Nähe. Manchmal strahlen sie etwas aus, manchmal ist es die Stimme oder ein stilles Lächeln.

Im Laufe der Zeit habe ich aber auch ein Gespür dafür entwickelt, wenn Spiritualität ungesund ist und krank macht. Wenn sie nicht dem Leben dient. Denn jede Form des Glaubens muss der Entfaltung des Lebens dienen und zugleich den Menschen über sich selbst hinausweisen auf einen Sinn und ein Ziel im Leben. Glaube ist persönlich, aber nicht privat. Er stellt mich auch in Beziehung und in Verantwortung.

Im Folgenden möchte ich einige Kennzeichen eines gesunden Glaubens nennen, die ich für wesentlich halte. Sicher könnte man weitere hinzufügen. Meiner Erfahrung nach decken sie grundlegende Kennzeichen gesunder Spiritualität ab.

Daseinsgewissheit finden

Es war eine ungewöhnliche Situation. Wir lebten viele Jahre in Westafrika in einer anderen Kultur unter Menschen, die sehr anders leben, glauben und fühlen als wir Mitteleuropäer. Viele Menschen waren arm. Da war Kofi, ein Fahrer und Bote für seinen Chef. Mit seinem kleinen Gehalt konnte er seine große Familie nur mühsam unterhalten. Er hatte im Grunde nichts außer seinem Leben, seiner Familie, einem einfachen Häuschen und ein paar Kleidern am Leib. Satt wurden sie jeden Tag, aber man durfte nicht wählerisch sein. Wir wurden Freunde, trotz aller Unterschiede. Und ich lernte im Laufe der Zeit, ihn zu bewundern. Kofi ruhte in sich. Er strahlte Frieden aus. Oft, wenn er uns sah und unsere Tochter auf den Arm nahm, freute er sich selbst wie ein Kind und strahlte uns an. Kofi war ein glücklicher Mensch, trotz allem. Er hatte gelernt, dankbar zu sein für das, was war. Er schätzte sein Leben, er war gelassen. Es war nicht alles gut, und das wusste er auch. Aber er hatte sein Leben in die Hand genommen und Ja dazu gesagt. Kofi ruhte in sich und trug sein Schicksal mit gleichmütiger Haltung. Ich staunte oft über ihn und rannte wie üblich meines Weges. Es gab ja so viel zu tun. Zum Beispiel, die Welt zu retten, mindestens. Rückblickend habe ich mich immer wieder gefragt, wer von uns beiden eigentlich der zufriedenere war.

Wir Menschen brauchen Gewissheit über unser Leben. Ein grundsätzliches Ja dazu, wie es sich entwickelt hat, was wir erreicht oder auch nicht erreicht haben. Und darüber hinaus brauchen wir vielleicht nicht einmal mehr als eine Ahnung davon, dass in unserem Dasein ein tieferer Sinn liegt.

Ich nenne das *Daseinsgewissheit.* Das meint die tiefe Grundüberzeugung: Es ist gut, dass es mich gibt. Es ist gut, dass ich leben und „da sein" kann. Es ist sogar von Bedeutung, dass es mich gibt, für mich selbst und für die Menschen, mit denen ich lebe. Meinem Leben, auch wenn es mir oft unbedeutend und klein erscheint, liegt ein tieferer Sinn zugrunde. Diesen Grund nenne ich Gott.

Daseinsgewissheit meint die tiefe Grundüberzeugung: Es ist gut, dass es mich gibt.

Daseinsgewissheit ist eine Haltung, die mich auch durch die Tiefen des Lebens trägt, die ich wie alle Menschen erfahre und oft genug erleide. Aber gerade dort, in der Tiefe, bewährt sich diese Gewissheit.

Daseinsgewissheit ist nicht selbstverständlich. Ein gesundes Selbstwertempfinden ebenfalls nicht. Ich erinnere mich noch gut an eine Übung, die ich vor Jahrzehnten mit jungen Menschen gemacht hab, die ich in einer Lebensschule für jeweils ein Jahr geistlich begleitet habe. Wir baten sie, sich einmal allein in einer stillen Stunde vor einen großen Spiegel zu stellen und sich gründlich anzuschauen. Und dann sollten sie bewusst Ja zu sich sagen: „Gut, dass es mich gibt. Schön, wie ich aussehe. Das passt zu mir, wie ich bin, und ich bin dankbar dafür. Nein, nicht alles ist perfekt, aber so wie ich bin, ist es gut."

Es war eine sehr schwere Übung! Bei vielen wühlte sie tiefe Fragen über ihr Leben auf. Stimmte das denn? Bin ich wirklich dankbar dafür, dass ich so bin, wie ich bin? So manche haben durch diese Übung entdeckt, dass es in ihrem Leben an dieser positiven Einstellung zum eigenen Dasein mangelte. Sie hatten keine Daseinsgewissheit. Irgendwie fanden sie sich zwar in Ordnung, aber eben mit Makeln behaftet. „Wäre ich etwas größer oder schlanker, dann wäre es gut. Hätte ich eine kleinere Nase oder einen dunkleren Teint, dann wäre ich zufrieden."

Nun könnte man sagen, dass das bei jungen Menschen in gewisser Weise normal ist. In der Tat, auf dem Weg ins Erwachsenenalter muss man sich noch finden. Aber dennoch löste diese Übung verblüffende Reaktionen aus und zog lange Gespräche über die eigene Identität nach sich. Diese jungen Leute spürten, dass es wichtig war, eine positive Haltung zum eigenen Leben zu finden. Dass es gesund wäre, wenn man mit sich ins Reine käme und sagen könnte: So, wie es ist, ist es gut.

Dass ich Mensch bin,
verdanke ich nicht mir selbst.

Wie findet man zu dieser Daseinsgewissheit? Die Tatsache, dass es mich gibt, hat mit dem einmaligen Schöpfungsakt zu tun, durch den jeder Mensch ins Leben kommt. Mich gibt es nur einmal, ich bin ein Original. Dass ich Mensch bin, verdanke ich nicht mir selbst. Ich wurde ins Leben gerufen und ins Leben gebracht, weil zwei Menschen sich dafür entschieden haben. Ich lebe von Voraussetzungen, die ich mir nicht selbst geschaffen habe. Wohl dem Menschen, dem durch seine Eltern vermittelt wurde, dass sie sich über ihn oder sie gefreut haben. Doch hinter dem Zeugungsakt zweier Menschen steht der eigentliche Schöpfungsakt, durch den Gott einen Menschen ins Leben ruft. Das glauben Juden, Christen und Muslime gleichermaßen. Das Alte Testament sagt, dass jeder Mensch, ausnahmslos, ein Gedanke Gottes ist: „Denn du hast meine Nieren bereitet und hast mich gebildet im Mutterleibe. Ich danke dir dafür, dass ich wunderbar gemacht bin“ (Psalm 139,13–14). Der Schöpfer-Gott ruft das Geschöpf, den Menschen, ins Leben und gestaltet ihn wunderbar. Er macht keine halben Sachen. Was er anfasst, hat im wahrsten Sinne Hand und Fuß.

Das Wissen, dass ich Geschöpf Gottes und in seine größere Schöpfung hineingestellt bin, gibt mir als Mensch eine Gewissheit, dass mein Dasein, sei es noch so kurz oder lang, Sinn hat und eingebunden ist in ein großes Ganzes. Durch den Glauben an die Schöpfung, der mehr ist als der Glaube an eine zufällige evolutionäre Abfolge, gewinne ich Zugang zu einem „inneren Sinn“ der Wirklichkeit. Der gläubige Mensch nennt sich deshalb Gottes Ebenbild und Geschöpf. Darin liegen seine Würde und zugleich seine Aufgabe begründet. Diese Verankerung in Gott drückt sich in einer lebendigen Beziehung aus: zu Gott, zu sich selbst, zum Mitmenschen und zur Schöpfung. Diese ganzheitliche und umfassende Sicht des Lebens übersteigt den Individualismus unserer gegenwärtigen westlichen Einstellung, auch in spiritueller Hinsicht. Nicht selten haben wir uns heute eine sehr auf die eigene Person bezogene Frömmigkeit angewöhnt, die entweder in einer überzogenen Selbstoptimierung oder in einer innerlichen Herzensfrömmigkeit besteht, in der der Andere und die Umwelt wenig Raum haben.

So ungewöhnlich der Begriff Daseinsgewissheit für viele sein mag, so trifft er meines Erachtens doch einen sehr wichtigen Punkt. Wenn Menschen spüren, dass in ihrem Dasein ein Sinn liegt, verleiht ihnen das Selbstsicherheit, Selbstgewissheit. Sie spüren, dass es gut ist, dass es sie gibt. „Ja, dass ich bin, ist gut. Dass es mich gibt, ist sogar ein Gewinn für diese Welt. Dass ich ins Leben gerufen wurde und da sein darf, ist schön." Wer diese Sätze für sich annehmen kann, hat einen tragfähigen Grund für sein Leben gefunden. Er kann und will „da sein". Ja mehr noch, diese Gewissheit kann dazu führen, dass sie mein gesundes Selbstbewusstsein fördert, dass ich psychisch und sogar körperlich gesunde. Es gibt mittlerweile wissenschaftliche Untersuchungen über Menschen, die einen gesunden Glauben leben, welcher Form auch immer. Sie haben zu dem Ergebnis geführt, dass solche Menschen mehrheitlich gesünder sind als ihre Mitmenschen – Ausnahmen bestätigen auch hier die Regel. Wer Ja sagt zu sich, kann auch Ja sagen zum Leben in all seinen Schattierungen und gelegentlichen Grautönen.

Wer Ja sagt zu sich,
kann auch Ja sagen zum Leben
in all seinen Schattierungen.

Daseinsgewissheit ist eine Grundhaltung des Lebens, die Stabilität und Gesundheit fördert. Aus diesem Lebensgefühl heraus können sich viele positive Kräfte entfalten, die weit über das eigene Leben hinausgehen. Wer sich nicht grübelnd und zweifelnd um sich selbst dreht, sondern in diesem Sinn in sich ruht, kann für andere Menschen da sein, sich gegen Unrecht und für Menschen am Rand der Gesellschaft einsetzen. Wer die innere Gewissheit hat, bejaht zu sein, kann im wahrsten Sinn aus sich herausgehen, über sich hinauswachsen und auch gelegentlich von sich selbst absehen. Er verliert sich nicht im anderen, weil er in sich ruht. Er kann im Frieden mit sich und anderen leben, ohne sich durch ständige Aktivität beweisen zu müssen.

Das bedeutet nicht, dass wir Menschen nicht zur Aktivität aufgerufen sind. Selbstverständlich gibt das Handeln zum eigenen Wohlergehen und zum Wohl anderer dem Dasein eine Berechtigung und einen Sinn. Aber eben nicht in erster Linie, sondern nur als Folge eines gesunden Verantwortungsgefühls und nicht als Mittel zu dem Zweck, sich die eigene Daseinsberechtigung zu beweisen. Das wäre, streng genommen, ein Missbrauch anderer zur Befriedigung eigener Bedürfnisse.

Der spirituelle Mensch handelt auch, aber er setzt die Prioritäten richtig.

Ein Mensch mit einer gesunden Daseinsgewissheit nimmt das Leben gelassen und dankbar wahr. Er dankt seinem Schöpfer dafür, dass er leben darf und aus seinem Leben etwas machen kann. Er freut sich an kleinen Dingen, ja, er nimmt sie wahr, weil er auch hinschaut. Er entdeckt staunend und neugierig die schönen Dinge im Leben und erkennt darin dankbar die Handschrift Gottes.

Ich habe vor Jahren eine etwas seltsame Erfahrung gemacht. Angeregt durch ein gutes Buch versuchte ich, nicht wie üblich meine abendlichen Runden zur Erhaltung der Gesundheit zügig und zielstrebig zu drehen, sondern einmal stehen zu bleiben, hinzuschauen und hinzuhören, was um mich her geschah oder wahrzunehmen war. Zu laufen um des Laufens willen und nicht für einen anderen Zweck. Da entdeckte ich ein seltsames Phänomen. Am Weg graste eine Kuhherde. Ich hatte sie Hunderte Male gesehen, aber ich hatte nie wirklich hingeschaut. Da entdeckte ich, wie eine Kuh in einmaliger Weise das Gras so aus der Erde zieht und abmäht, dass die Wurzeln in der Erde bleiben. Zielstrebig, gründlich und sanft zugleich. Ich war fasziniert und blieb lange beobachtend stehen. Wie lebendige Rasenmäher arbeiteten sich die Tiere über die Wiese, wurden satt und erhielten zugleich die Wiese. Warum ich das erwähne? Weil ich hundert Mal daran vorbeigerannt bin und nie hingeschaut habe. Eher hätte ich noch auf mein Handy geschaut und nebenbei die Mails überprüft, als auf ein paar Kühe zu achten. Im Nachhinein war ich erschrocken darüber, wie achtlos ich durch mein Leben rannte, sodass ich Gottes Welt nicht mehr wahrnahm. Gelassenheit und Achtsamkeit sehen anders aus.

Daseinsgewissheit setzt voraus, dass ich eine untergründige Wahrheit in meinem Leben entdeckt habe, die mich trägt und die meinem Leben zugrunde liegt. Wer die Erfahrung gemacht hat, dass er von außen positiv angesprochen wurde, entdeckt eine große Freiheit und Gelassenheit für das eigene Leben. Gott, das große Du, sagt zu mir: Es ist gut, dass du da bist. Du bist gewollt. Wer das erkennt, kann sich loslassen, ohne sich zu verlieren.

Es gibt noch eine weitere Quelle, aus der Daseinsgewissheit sich speisen und wachsen kann: die Stille. Diesem für eine geerdete Alltagsspiritualität so entscheidenden Aspekt widmet sich das nächste Kapitel.

Still werden

Ein zentraler Bestandteil geistlichen Lebens ist das Gebet. Im Gebet wendet sich der Mensch vertrauensvoll an Gott, von dem er erwartet, gehört zu werden. Im Gebet vertraut sich der Mensch Gott an, drückt seine Dankbarkeit, seine Freude, aber auch Zweifel, Verzweiflung und Not aus. Im Gebet zeigt der Beter, dass er von Gott gehört und bestenfalls erhört werden möchte. Spiritualität ist ohne Gebet nicht vorstellbar. Aber Gebet ist nicht die einzige Art, mit Gott unmittelbar in Beziehung zu treten.

Im frühen Christentum hat sich in den Klöstern recht bald eine Bewegung herausgebildet, in denen sich Menschen bewusst in die Einsamkeit zurückgezogen haben, um zu beten und vor Gott still zu werden. Schon in der frühen Kirche zogen die ersten Mönche in die Wüste Ägyptens. Sie suchten dort die unmittelbare Begegnung mit Gott. Und mussten bald feststellen, dass Stille erkämpft werden muss. Sie ereignet sich nicht von selbst. Auch dorthin pilgerten die Menschen, um von diesen oft auch prophetisch begabten Mönchen Hilfe und Rat zu erbitten. Um dieser Beanspruchung zu entgehen, zogen manche noch weiter in unwegsame Gebiete, weil sie sich ungestört der Stille und der Anbetung widmen wollten.

In den Klöstern spielt der Wechsel von Tätigkeit und Stille eine große Rolle. Man weiß aus Erfahrung: Wer aktiv sein möchte, muss auch kontemplativ sein können, um trotz der Aktivität in sich zu ruhen. Mönche leben auch heute noch aus der Stille und sind zugleich sehr aktiv in die Arbeit im Kloster eingebunden. Ihr Tag beginnt mitten in der Nacht und ist durchzogen von Gebet, Stille und Arbeit. Diese Ausgewogenheit gibt ihrem Leben einen tiefen Frieden. Wer den Schritt in eine lebenslange klösterliche Gemeinschaft vollziehen möchte, muss sich der Treue Gottes gewiss sein. Aber wer immer in Klöstern oder kommunitären Gemeinschaften zu Gast ist, stellt fest, dass von den Menschen, die hier leben, häufig eine große Ruhe ausgeht. Sie sind sich ihrer selbst und ihres Daseins gewiss, denn ihr Leben ist spirituell gegründet.

Mein Dasein mit der Gewissheit zu leben,
dass mein Leben einen Platz im großen Ganzen hat,
ist die eine Grundlage gelingenden geistlichen Lebens.

Nun können die meisten von uns so nicht leben. Und doch fordert uns ihr Beispiel heraus mit der Frage: Wie kann es uns gelingen, uns unseres Daseins so gewiss zu werden, dass das Leben von Frieden und einer inneren Ruhe getragen ist? Denn das muss ja das Ziel allen gelingenden Lebens sein. Der einzige Fehler, den man machen kann, ist der, sich dabei zu überfordern, sodass man nach kurzer Zeit enttäuscht aufgibt.

In meinem oft anstrengenden Arbeitsalltag gelingt es mir persönlich am besten, wenn ich mir morgens früh vor der Arbeit eine Zeit des Rückzugs gönne. Es ist Luxus pur in unserem hektischen Leben. Ich möchte nicht mehr in den Tag stolpern, ich möchte nicht nur körperlich gestärkt sein, sondern auch geistlich. Diesen Luxus gönne ich mir heute. Wenn man noch jünger ist und kleine Kinder hat, wird selbst dieser Vorsatz nicht immer durchzuhalten sein. Aber es ist immer möglich, irgendeine Form des Rückzugs zu finden, wenn mir das wichtig ist und wenn ich dies als Schatz wahrnehme und nicht als Pflicht.

Ein solcher Rückzug könnte eine erste kleine Übung auf der Reise zu innerer Gelassenheit sein. Eine halbe Stunde Stille an einem schönen Ort, mit einem kurzen Wort aus dem Buch der Psalmen oder einem Liedvers, der mich anspricht. Mehr nicht. Vielmehr die Wahrnehmung der Stille: Gott ist da, er sieht mich, es ist gut, wie es ist. Ich vertraue mich ihm an. Mein Dasein mit der Gewissheit zu leben, dass mein Leben einen Platz hat im großen Ganzen, ist die eine Grundlage gelingenden geistlichen Lebens.

Es wird schon deutlich: Mit Stille meine ich nicht das, was bei vielen Christen als „Stille Zeit" bekannt ist: eine Andacht am Morgen, die daraus besteht, einen Bibelabschnitt, die Herrnhuter Losungen und eine Auslegung aus einem Andachtsbuch, Abrisskalender oder Ähnlichem zu lesen. Ich meine kein Programm.

Mit Stille meine ich, wirklich still zu werden. Nichts mehr lesen, nicht mehr singen, auch nicht aktiv beten, ja nicht einmal mehr denken. Einfach da sein, die leeren Hände hinhalten und auf die Stille lauschen.

Und dann wie selbstverständlich zunächst die Erfahrung machen: Diese Stille ist sehr laut. Gedanken kommen und gehen, Erinnerungen feiern Auferstehung, schöne, oft auch schmerzliche Erlebnisse kommen an die Oberfläche. Ich habe es mir angewöhnt, mir in der Stille erst einmal zu erlauben, dass diese Gedanken kommen dürfen, sie dann aber auch wieder gehen zu lassen. Ich kämpfe nicht dagegen an, ich lasse zu, was so oder so da ist. Langsam, ganz langsam wird es dann ruhiger, oft erst nach zehn bis zwanzig Minuten.

Alltagsspiritualität lebt von der Stille, die mich durchdringen und berühren möchte. Irgendwann komme ich an einen Punkt, an dem alle Gedanken und Gefühle zur Ruhe kommen und ich bereit bin, zu lauschen, zu hören, mich selbst wahrzunehmen – und dann auch mein Gegenüber, Gott.

Wenn die Stille überhaupt ein Ziel hat, dann dies: lernen, sich Gott zu überlassen.

„Meine Seele ist stille zu Gott, der mir hilft" (Psalm 62,2). Der Psalmbeter hat die Erfahrung gemacht, dass ihm in der Stille Gott als Gegenüber begegnet, und zwar als einer, der hilft, der beisteht, der ihn nicht sich selbst überlässt. Aber er bleibt still vor Gott, in seiner Gegenwart.

Wer sich der Stille aussetzt, beginnt eine sehr spannende Reise. Sie hat kein eigentliches Ziel, vielmehr lässt man auf dieser Reise die eigenen Ziele los, mögen sie noch so fromm und feierlich gemeint sein. Wenn es überhaupt ein Ziel geben könnte, dann dies: zu lernen, sich Gott zu überlassen. Und damit das loszulassen, was uns auf diesem Weg behindert. Wir können nur dann loslassen, wenn sich die Überzeugung in uns festigt, dass Gott uns nicht loslässt. Wir müssen nichts festhalten, weil wir gehalten sind.

Das Gebet ist ein zentrales Thema in den Schriften des Alten wie in denen des Neuen Testaments, und sie geben uns zahlreiche Beispiele dafür, wie Menschen des Glaubens gebetet haben. Wir finden darin auch viele Hinweise darauf, dass die Stille selbst ein Ort ist, in dem Gottesbegegnung stattfindet. Man könnte sagen, dass die Stille vor Gott der Ort *nach* dem aktiven Gebet ist. Es kommt im Gebet die Zeit, wenn der Beter alles gesagt hat und dazu übergeht, still zu werden und einfach nur da zu sein vor Gott.

Wenn die Seele still wird, dann ist das vergleichbar mit einem See, der zur Ruhe kommt. Üblicherweise ist die Wasseroberfläche nicht glatt, sie schlägt kleine Wellen und ist ständig gekräuselt, weil ein beständiger Wind darüberweht. Vögel tauchen ein und suchen nach Nahrung. Kinder werfen Steine in den See, und die Wellen ziehen Kreise. Aber irgendwann, oft am Abend, kehrt Ruhe ein, der Wind legt sich, und der See wird still. Spiegelglatt liegt er da, wir kennen dieses Bild des Friedens und der Ruhe.

So ähnlich ist es, wenn die Seele bei Gott zur Ruhe kommt. Die Aktivitäten kommen zur Ruhe, wir lassen los. Dann verstummen auch unsere eigenen Worte. Das Hören nimmt zu. Der Mensch beginnt, auf das stille Reden Gottes zu lauschen. Und stellt fest, dass auf einmal viele andere Stimmen in ihm laut werden. Stille ist also nicht einfach ein Refugium, in das wir uns aus einem fordernden Alltag flüchten können. Sie ist ein eigenes Kampfgebiet.

Stille im Alltag einzuüben – das ist meiner Erfahrung nach eine der schwierigsten spirituellen Übungen. Denn wir leben nicht nur in einer lauten Welt, die uns ständig zu beanspruchen versucht. Wir haben es uns auch angewöhnt, selbst im Gebet immer „die Macher“ zu sein. Wir wollen möglichst alle unsere Anliegen unterbringen und uns dann unseren Aufgaben zuwenden. Wir haben ja so wenig Zeit. Der Alltag fordert die meisten Menschen so sehr heraus, dass sie sich ständig in einer erhöhten „Betriebstemperatur“ befinden. Viele beruflich aktive Menschen schauen gleich nach dem Aufstehen als Erstes auf ihr E-Mail-Konto und überprüfen es auch vor dem Zubettgehen noch einmal. In etlichen Nachrichtensendern laufen mittlerweile parallel zur gesprochenen Meldung Nachrichtenbänder mit, um noch mehr Informationen zeitgleich unterzubringen. Und Nachrichten sind für viele das, womit sie den Tag beenden. So stolpern wir aus der Nacht ohne Übergang unmittelbar in die Aktivität des Tages und aus der Betriebsamkeit des Tages mit einem Echo der Tagesereignisse in die Nacht.

*Wir haben es uns vielfach angewöhnt,
selbst im Gebet noch die „Macher“ zu sein.*

Wie soll sich bei diesem Lebensstil im Alltag eine Haltung der Stille entfalten? Das ist nahezu unmöglich. So bleibt für Menschen, denen das Gebet und die Stille eigentlich wichtig sind, eine kleine Nische übrig, in der sie beten, vielleicht einen Abschnitt der Bibel lesen und kurz darüber nachdenken und still werden. Für viele hat sich auch ein Andachtsheft mit vorgefertigten Impulsen bewährt. Aber das ist auf Dauer nur eine Art Notlösung. Spirituelles Fastfood, das uns am Leben erhält, aber nicht wirklich nachhaltig nährend ist. Es bringt uns nicht weiter auf unserer geistlichen Reise mit Gott und zu Gott hin. Es bringt uns nicht in die Tiefe, und damit an den Ort, an dem wir Gott – und gleichzeitig auch uns selbst – besser kennenlernen.

Um die Erfahrung zu machen, dass ich aus dem Gebet heraus in die Stille finde und vor Gott zur Ruhe komme, brauche ich etwas, was sich heute als kostbarer herausgestellt hat als Gold: Zeit. Sie ist ein teures Gut. Und es ist nicht so, dass wir keine Zeit hätten. Wir haben sie nur nicht mehr übrig, weil wir sie mit tausend anderen Dingen füllen, die anscheinend wichtiger und dringlicher sind als das Stillwerden vor Gott. Ich glaube, wir sitzen einer Lebenslüge auf, wenn wir uns von den Medien, Freizeitangeboten und den Reizen einer Konsumgesellschaft treiben lassen. Denn sie alle fordern eines von uns: Zeit.

Wie aber kann das Stillwerden dennoch gelingen? Eine erste Begegnung mit dieser Form von Spiritualität könnten die folgenden Schritte eröffnen. Sie sind bei Weitem nicht vollständig, und es gibt eine Fülle an Literatur, die das Thema ausführlich vertieft. Aber weil zur Alltagsspiritualität die Stille unabdingbar dazugehört, müssen wir sie in unseren Alltag fest integrieren, damit dieser gute Vorsatz nicht auf der Strecke bleibt.

Eine feste Zeit einräumen

Jede Übung braucht Praxis, und aus Sport und Musik kennen wir das als eine Selbstverständlichkeit. Wer nicht regelmäßig übt und sich Zeit dafür nimmt, kommt nicht weiter. Das gilt auch für unser geistliches Leben. Denn es ist auf Beziehung angelegt, und diese will gepflegt sein. Mir hilft es, mir am Morgen eine feste Zeit einzuräumen, die für die Stille reserviert ist. Das muss nicht morgens sein. Es hängt ab von den individuellen Möglichkeiten. Meine Erfahrung ist es zumindest, dass ich morgens noch empfänglicher und offener bin für das, was auf mich wartet. Ich habe noch keine Termine im Kopf und muss noch nicht an das nächste Meeting denken. Ich bin noch keinem Kollegen begegnet, der mich vielleicht geärgert hat. Der Tag ist noch unbeschrieben wie ein leeres Blatt. Im Bild gesprochen: Der See liegt noch spiegelglatt da und ist noch nicht aufgewühlt von den Ereignissen des Tages. Für die weitere Gestaltung meines Tages gebe ich deshalb mit einer festen Zeit eine gewisse Richtung vor, die den weiteren Ablauf prägt.

Herr, frühe wollest du meine Stimme hören, frühe will ich mich zu dir wenden und aufmerken (Psalm 5,4).

Hilfreich scheint mir auch zu sein, dass diese feste Zeit zu einer regelmäßigen Übung wird, also nicht nur gelegentlich einmal stattfindet, wenn es gerade eine Lücke in meinem Terminkalender gibt, sondern auch als tägliches Ritual. Wie die Morgenhygiene im Bad wird die Stille vor Gott zu einer Seelenhygiene, die mich mit allem ausstattet, was ich brauche, und auch vorbereitet auf das, was auf mich zukommen wird.

Es ist möglich, dass mir ein bestimmter Ort dabei hilft. Manche Menschen haben in ihrer Wohnung einen Lieblingsort, an dem sie besonders zu Hause sind. Andere haben so viel Platz zur Verfügung, dass sie sich einen „heiligen Ort“ einrichten können: ein kleines Tischchen mit einem Kreuz und einer Kerze. Mit einem schönen Bild oder mit einer Ikone. Einer Blume. Weniger ist hier mehr, aber es ist ein Ort, der mir zum Zuhause werden soll und an dem ich gern bin. Das muss nicht sein. Und die Bedürfnisse sind unterschiedlich. Entscheidend ist, dass ich zur Ruhe finde, dass ich bequem sitze und mich an meinem Platz wohlfühle. Ich sollte nicht innerlich „auf dem Sprung sein“. Meine Medien sollten abgeschaltet sein.

Still werden und loslassen

Mir hilft es, mit einem Abschnitt aus der Bibel zu beginnen, etwa einen Psalm langsam und laut zu lesen oder einen fortlaufenden Text aus einem biblischen Buch. Die Ausrichtung auf Gottes Wort gibt mir eine Richtung vor. Ich möchte Gott in der Stille begegnen. Und er redet durch die Bibel.

Dann aber werde ich still und übergebe „förmlich“ die verbleibende Zeit an Gott. „Dies ist mein Geschenk an dich, hier bin ich, es ist deine Zeit mit mir, rede, ich möchte hören.“ So oder so ähnlich könnte das aussehen. Hier gibt es kein Gesetz oder eine zwingende Vorgabe. Ich erlebe es als eine Hilfe, die nun vor mir liegende Zeit bewusst Gott zu übergeben, denn das entlastet mich davon, dass in dieser Zeit etwas Bestimmtes passieren muss, damit sie „gut“ oder „gelungen“ ist. Oft mache ich nämlich zunächst die Erfahrung, dass ganz andere Gedanken in mir hochsteigen. Der Traum etwa aus der vergangenen Nacht. Eine Auseinandersetzung, die ich neulich hatte. Ein Bericht, der mich sehr bewegt hat. Warum kommt das nun an die Oberfläche? Ich möchte doch still sein und auf Gott hören.

Nun, in der Stille, öffnet sich meine Seele für Gott – meine Seele mit allem, was mich bewegt und beschäftigt. Es ist da, aber verdrängt. Ich habe es vielleicht in einer Kammer meines Innersten abgelegt oder auch verschlossen. Zunächst lasse ich deshalb Gedanken und Gefühle, die aufsteigen, zu und schaue sie mir innerlich an. Was hat mich geärgert? Warum? Warum hat mich das Bild dieses Kindes so bewegt? Welche Saite hat es in mir zum Klingen gebracht?

Ich gebe diese Gedanken und Gefühle dann nach einer kurzen inneren Betrachtung an Gott ab. Ich lasse sie los. Jetzt möchte ich innerlich frei werden von diesen Bildern, Gedanken, Gefühlen.

Geistliches Leben ist Übung,
ein beständiges Werden.

Was bei dieser Art des Gebets in einem Menschen vor sich geht, wurde bereits vor über 2000 Jahren in den Psalmen beschrieben.

> Herr, du erforschest mich und kennest mich.
> Ich sitze oder stehe auf, so weißt du es;
> du verstehst meine Gedanken von ferne.
> Ich gehe oder liege, so bist du um mich
> und siehst alle meine Wege.
> Denn siehe, es ist kein Wort auf meiner Zunge,
> das du, Herr, nicht alles wüsstest.
> Von allen Seiten umgibst du mich
> und hältst deine Hand über mir. (Psalm 139,1–5)

In dem Bewusstsein dieses Textes verharre ich nun in der Stille vor Gott. Immer wieder mache ich die Erfahrung, dass nach und nach meine Gedanken zur Ruhe kommen. Es wird eine Zeit dauern, und es geschieht auch nicht immer. Es kommt vor, dass die Zeit der Stille aus meiner menschlichen Sicht nicht „gelingt", weil ich an so viel anderes gedacht habe. Ich bin unruhig geblieben. Ich kam einfach nicht zur Ruhe. Aber das ist nicht Gottes Sicht. Ich habe ihm ja die Stille übergeben, und vielleicht war es wichtig, dass ich einmal das, was in mir verborgen ist und mich beschäftigt hat, anschaue und immer wieder loslasse. Um nach und nach frei zu werden für ihn.

Geistliches Leben ist Übung, ein beständiges Werden. Und es erfordert Geduld und Barmherzigkeit mit mir selbst. Ich habe ja noch so viele Übungszeiten vor mir. Ich möchte lernen, geduldig zu sein mit mir. Gott hat sicher kein Problem damit. Im Gegenteil: Ich bin fest davon überzeugt, dass er sich unbändig daran freut, wenn wir als seine Kinder uns aufmachen auf die Reise der Stille. Denn dort ist der Ort tiefster Begegnung mit Gott und auch mit dem, was uns selbst im Innersten berührt und ausmacht.

Ausrichtung auf Gott

Der Gott, dem wir in der Stille begegnen, ist ein liebendes Gegenüber. Er hat sich darauf festgelegt, dass er mit seinen Geschöpfen in eine lebendige Beziehung treten will. Wo wir uns ihm öffnen, da ist auch Gott. Wenn er uns in dieser Weise entgegenkommt, dann bleibt uns nichts, als offen zu sein für diese Begegnung: *Hier bin ich, ich halte mich dir hin. Ich komme, wie ich bin, mit allem, was zu mir gehört. Du kennst mich. Du liebst mich.*

Als Hilfe und Angebot hat es sich bewährt, wenn wir einen kurzen Satz oder ein Wort immer wieder innerlich in diese Stille hinein sagen, etwa: *Jesus Christus, du Sohn des lebendigen Gottes, erbarme dich meiner.*

Dieses sogenannte Jesusgebet oder Herzensgebet wird seit Jahrhunderten gebetet. Alles, was unseren Glauben ausmacht, liegt in diesen schlichten Worten. Die Vorstellung, dass Menschen aus vielen Kulturen seit fast 2000 Jahren Gott mit diesem

Gebet anrufen, macht mich froh und demütig zugleich. Ich bin Teil einer langen Geschichte, ich gehöre zum Strom derer, die Gott suchen. Es ist das Bekenntnis zu Jesus als dem Christus, es ist Ausdruck der Lebendigkeit Gottes, und es drückt meine Bedürftigkeit aus, indem ich ihn bitte, sich mir zuzuwenden und sich über mich zu erbarmen. Indem wir seinen Namen anrufen, begegnen wir Christus selbst. Er wartet auf uns, denn er wohnt in uns durch seinen Geist. Nun geschieht Begegnung. Wir müssen also nichts mehr tun oder erreichen, keine Übungen oder Anstrengungen unternehmen, sondern einfach „vor Gott da sein", absichtslos verweilen in seiner Gegenwart. Darin drücken wir unser Vertrauen aus, dass er sich um uns kümmert.

Spiritualität im Alltag muss einfach sein, nicht anstrengend und fordernd. Wir entdecken und entfalten sie jenseits von komplizierten und gedrechselten Regeln. Die Ausrichtung auf Gott ist vermutlich die nachhaltigste Übung, um unser geistliches Leben aus der Tiefe heraus zu gestalten. Es bleibt ein lebenslanger Übungs- und Lernweg. Aber es ist ein Weg, der sich lohnt.

Dranbleiben

Diese Form der Stille einzuüben, hat mich gelehrt, barmherzig mit mir selbst zu werden. Denn oft, so meine Erfahrung, gelingt die Stille nur teilweise und in Ansätzen. Auf das Ganze meines Lebens gesehen hat die Stille aber eine tiefe und untergründige Veränderung in meiner eigenen Wahrnehmung meines Lebens mit Gott, meiner Aufgaben und Prioritäten ausgelöst. Sich der Stille auszusetzen, bedeutet nicht in erster Linie, etwas zu lernen, etwas zu gewinnen, eine Methode anzuwenden, um zu einem Ziel zu kommen. Stille einzuüben bedeutet, all diese Vorstellungen loszulassen und sich dem Gott zu überlassen, der uns nicht loslässt. Es gilt, die eigenen Ambitionen zurückzustellen, damit Gott in mir Raum gewinnt und das tut, was er tun möchte. Das genügt. Hingabe bedeutet in diesem Sinne tatsächlich, hin-zu-geben, mich zu überlassen, frei zu sein für Gott.

Weil das eine spannende und lebensverändernde Reise ist, lohnt es sich, dranzubleiben. Nicht vorschnell aufzugeben, wenn mir diese Übung zu schwierig erscheint. Wenn ich mich nicht wenigstens zwei oder drei Monate dieser Übung ausgesetzt habe, werde ich kaum erste Erfahrungen dieses tiefen Friedens machen, der nach und nach einsetzt.

Die Ausrichtung auf Gott ist vermutlich die nachhaltigste Übung, um unser geistliches Leben aus der Tiefe heraus zu gestalten.

Vielleicht hilft es Ihnen, mit einem Kurs über ein Wochenende oder mit einer ganzen Woche in einem Kloster zu beginnen, in der Sie von Menschen, die in dieser Gebetsform erfahren sind, begleitet werden. Vielleicht können Sie sich gemeinsam mit einem anderen Menschen auf den Weg machen und über die Erfahrungen sprechen, die Sie auf diesem Weg machen. In der Stille gewinnt unsere Spiritualität im Alltag einen Raum, in dem es sich leben lässt und der das eigene Leben reich macht.

Der betende Mensch wendet sich mit seinen Anliegen *an* Gott. Der stille Mensch ist da *vor* Gott. Beides hat seine Berechtigung und seinen Platz. Und auf beiden Feldern werden wir Übende und Lernende bleiben.

Mit Spannungen leben

Um es gleich vorwegzusagen: Ich möchte nicht mit Spannungen leben. Spannungen sind unbequem, sie bergen Ungewissheiten in sich und halten mich fest in einer unguten Stimmung. Spannungen lassen mich nicht zur Ruhe kommen. Kein Wunder, dass mein Leben bei mir oft zu Ver-Spannungen führt. Zeiten großer Anspannungen haben bei mir immer die Anzahl der Krankengymnastik- oder Osteopathietermine nach oben schnellen lassen. Mal war es ein eingeklemmter Nerv, dann wieder ein verrutschter Wirbel. Aber das waren immer nur die äußeren Symptome, nie die Ursachen des Problems.

Spannungen in einer Beziehung oder ungelöste berufliche Fragen lassen uns auch dann nicht los, wenn wir anderweitig beschäftigt sind. Ich kann mich dann zwar kurzfristig ablenken, aber in einer ruhigen Minute sind die Spannungen wieder da und damit die ruhelosen Gedanken, die Sorgen, die Angespanntheit.

Andererseits: Aus Spannung entsteht auch Energie. Spannung ist eine Kraftquelle, aus Spannung kann etwas werden, was sonst nicht möglich wäre. In einem Stromkreis ist die Spannung die treibende Kraft, die Energie transportiert. Und es gibt ja auch die gespannte Neugier, die positive Spannung vor dem Beginn einer Premiere, die mich atemlos macht. Wenn im Stadion der Schlusspfiff ertönt, dann löst sich die Spannung der Gewinner, und sie liegen sich in den Armen. Alles ist gut gegangen.

Spannung gehört zu unserem Leben. Anspannung ebenfalls. Und vermutlich ist es so, dass wir nur dann in einem Urlaub gut entspannen können, wenn wir zuvor gespürt haben, dass es Zeit dafür wird, weil die dauerhafte Belastung und Anspannung zu hoch geworden sind. Würde das Leben dagegen spannungslos und gleichförmig dahinplätschern, ohne Auf und Ab, in der seichten Alltäglichkeit von Nettigkeit und Oberflächlichkeit, wären wir schnell unzufrieden. Es wäre ein spannungsloses Leben, vielleicht sogar ein wenig sinnvolles Leben. Es wäre langweilig. Und nichts ist so langweilig wie die Langeweile. Sie ist das Gegenteil von gesunder Entspannung. Nein, Spannung gehört zu unserem Leben.

Man kann Glauben in gewissen Formen leben, ohne dass er den eigenen Alltag wirklich berührt.

Ich vermute, die meisten meiner Leser werden mir hier zustimmen. Die Fragen, die sich daraus ergeben, scheinen mir die folgenden zu sein: Wie lernen wir es, gut mit Spannungen umzugehen, die aus unbeantworteten Fragen, ungelösten Problemen und anhaltenden Schwierigkeiten entstehen? Aus Situationen also, die sich nicht einfach lösen lassen. Wie schaffen wir es, unser Leben zu bejahen trotz der Spannungen, die es uns auferlegt? Wie leben wir auch unsere Spiritualität inmitten von Spannungen, sodass sie mit unserer Wirklichkeit zu tun hat und im besten Fall auch unsere Spannungen durchdringen kann?

Es ist durchaus möglich und vielleicht auch weit verbreitet, den Glauben in gewissen Formen zu leben, ohne dass er den eigenen Alltag berührt. Man geht dann z. B. in einen Gottesdienst, lässt sich von den Liedern, Gedanken und Gebeten aber kaum berühren. Es war nett, man war mal wieder da, man hat auch Bekannte getroffen, aber eine spirituelle Erfahrung hat man nicht gemacht. Der Alltag geht weiter, als sei nichts gewesen. Die Probleme haben sich nicht verflüchtigt, wie sollten sie auch? Und das, was ich sonntags gehört und erlebt habe, hat keine Auswirkungen darauf, wie ich mit den Spannungen in meinem Leben umgehe. Es ändert sich nichts. Die Kollegin nervt nach wie vor, und ich gehe ihr immer noch aus dem Weg. Mein Partner lebt Angewohnheiten aus, die mich schon lange stören, aber ich habe mich daran gewöhnt und halte sie eben aus. Meine ständigen Magenprobleme machen mir zwar Sorgen, aber die Ärzte finden nichts, und ich finde mich damit ab. All das sind Alltagsfragen, die jeder von uns kennt. So ist das Leben. Es bringt Spannungen mit sich, und diese lösen sich nicht von allein auf.

Aber muss der Glaube sich nicht gerade dort bewähren, wo mein Leben nicht glattläuft? Sollte sich seine Relevanz nicht besonders in der Krise erweisen? Sonst wäre er nicht alltagsrelevant, sondern höchstens sonntagstauglich. Eine nette Abwechslung, ansonsten aber wirkungslos. Eine intellektuelle Spielerei, die einen gewissen Reiz haben kann, aber auch nicht mehr.

Ich habe in meiner beruflichen Laufbahn mehrfach Zeiten großer Anspannung erlebt. Anspannung, die über das übliche Maß hinausging. Das hing mit wirtschaftlichen Engpässen zusammen, die die Zukunft der Arbeit grundsätzlich infrage stellten. Und da ich in leitender Verantwortung war, spürte ich das bis ins Körperliche hinein. Können wir nächsten Monat noch alle Gehälter bezahlen? Müssen wir weitere Stellen abbauen?

Wird man dagegen klagen? Laufen mir die Kollegen davon, weil das Schiff in Schieflage geraten ist? Werde ich derjenige sein, der das Totenglöckchen läutet? Und dahinter, ganz tief in meinem Herzen, die Angst: Wie stehe ich dann da? Habe ich dann versagt? Was wird man dann über mich sagen?

Da ich viel zu tun hatte, tat ich, was die meisten tun: Ich habe es verdrängt. Ich hatte keine Zeit und auch keine Lust, mich jetzt auch noch mit der Frage zu beschäftigen, warum es mir nicht gut ging, es war ja offensichtlich. Die Spannungen waren da, aber ich konnte sie mit Sport und einem abendlichen Glas Rotwein wenigstens einigermaßen im Zaum halten. So ging das eine Zeit lang, aber dann gab mir mein Körper vermehrte Signale. Irgendwann war klar: So geht es nicht weiter, ich konnte nicht mehr. Wer überspannt und überzieht, zahlt irgendwann einen Preis dafür.

Alle Veränderung beginnt mit einem Eingeständnis. Mit dem Bekenntnis mir selbst gegenüber: Ja, so, wie ich die Situation empfinde, so wird sie auch sein. Ich erlebe meine momentane Situation als eine große Anspannung und Belastung. Ich finde das nicht schön. Ich finde das nicht fair. Ich bin enttäuscht und auch verärgert. Was hat mich nur in diese Lage gebracht! Zum Eingeständnis gesellte sich eine unausgesprochene Anklage: Warum muss ich die Suppe auslöffeln, die andere mir eingebrockt haben? Warum immer ich?

Alles beginnt mit der Entscheidung, ehrlich zu werden, in den Spiegel zu schauen und sich einzugestehen, dass es ist, wie es ist. Der erste Schritt zu einem guten Umgang mit Spannungen ist das Eingeständnis, dass die Situation eine Belastung ist, die so unangenehm ist, dass ich sie angehen muss. Sport und Rotwein helfen nicht mehr, offensichtlich auch nicht andere bisher bewährte Mechanismen. Ich habe zwar noch keine Lösung parat, ich habe keinen Schlüssel, der mir die Tür zu einem Ausweg öffnet, aber ich gestehe mir ein, dass ich an einer Weggabelung stehe.

Veränderung beginnt mit dem Eingeständnis:
So, wie es ist, ist es nicht mehr auszuhalten.

Was macht uns dieses Eingeständnis so schwer? Ein wesentliches Hindernis ist das Vergleichen. Wir vergleichen uns gern, wir messen uns allzu oft an anderen. Die Medien, die Werbung, der Sport suggerieren uns, dass wir bis ins hohe Alter Grenzen überwinden, Erfolge erringen, Spannungen lösen und Klippen nahezu mühelos überspringen können. Der Satz „Du schaffst das" kann ein positiver Verstärker sein, aber auch ein gnadenloser Antreiber, der unsichtbar die Peitsche schwingt. Nicht nur in der Wirtschaft, sondern auch in kirchlichen Kreisen wird verglichen, angespornt, angetrieben. Wer so viel leistet wie der Vorgänger, ist gut, wer dieselbe Anzahl an Terminen abarbeitet wie andere, kann sich sehen lassen. Wer hat den vollsten Terminkalender? Wer ist am längsten ausgebucht?

Die Leistungsgesellschaft, in der wir leben, ist beides: Garant für unseren Wohlstand und zugleich eine Tretmühle, die nur begrenzt Rücksicht nimmt auf die Schwachen. Sie trägt uns sicher durch ein Leben, das in der westlichen Welt recht komfortabel geworden ist. Sie sortiert aber auch leicht diejenigen aus, die den Ansprüchen nicht mehr genügen. Und sie flüstert mir ein: Du willst das ja im Grunde doch schaffen. Du verabscheust es, zimperlich zu sein. Du willst nicht zu denen gehören, die wehleidig, leicht gebückt und verunsichert durch das Leben schlurfen, ängstlich um sich blickend. Und außerdem: Hat man dir nicht schon früh gesagt, dass man sich „auf die Hinterbeine stellen" muss? „Wir sind doch nicht aus Zucker" – ich höre ihn noch, diesen Ausspruch aus meiner Jugend. Aber ich ahne auch, dass ich mich auf dünnem Eis bewege.

Selbstoptimierung kann zu einer Ersatzreligion werden,
aus der man lange Energie zieht.
Sie führt aber nicht zu größerer geistlicher Reife.

Sich einzugestehen, an einem Punkt angelangt zu sein, wo die Spannungen unerträglich sind, ist richtig. Ebenso richtig ist es, sich nicht mit anderen Menschen zu vergleichen, die mehr leisten können. Wir sind unterschiedlich erschaffen, und unsere Einmaligkeit macht sich nicht nur durch unsere Gaben, sondern auch an unseren Grenzen bemerkbar. Grenzen, die sich nicht beliebig verschieben lassen, sondern die gesetzt sind. Die Selbstoptimierung kann im Leben zu einer Ersatzreligion werden, aus der man eine Zeit lang Energie zieht. Sie führt uns aber nicht zu größerer geistlicher Reife.

Welche Schritte können wir gehen, um unseren Spannungen so zu begegnen, dass sie uns nicht mehr ständig an unsere Grenzen und darüber hinausbringen? Neben dem bereits genannten Eingeständnis der Realität möchte ich folgende Erfahrungen teilen.

Gerade jetzt die Stille suchen

Wir haben bereits über die Stille gesprochen, deshalb hier nur ein kurzer Rückverweis darauf. In Zeiten der Anspannung in die Stille zu finden ist eine große Herausforderung. Dennoch ist sie gerade hier unverzichtbar. Wir sind ständig damit beschäftigt, unsere Herausforderungen zu lösen. Und wenn es dann einmal gelingt, äußerlich still zu werden, wird es in uns laut. Dann kommen die Gedanken, die Stimmen, der Kommentar des Kollegen aus dem letzten Meeting, die ärgerliche Mail, über die ich schon länger grüble, die Meinungsverschiedenheit mit dem Partner. Vieles kommt hoch und macht sich gerade dann bemerkbar, wenn die äußere Ablenkung wegfällt.

Dennoch brauche ich die Stille gerade jetzt, um aus der Anspannung in die innere Entspannung zu finden. An den Ort, an dem ich loslassen und einfach sein kann. Hier können sich die Spannungen lösen, wenn wir es zulassen, sie Gott hinzuhalten.

Gute Worte „kauen"

Den Spannungen in unserem Leben können wir begegnen, indem wir *gute Worte kauen.* Worte haben Macht. Sie sind nicht Schall und Rauch. Vielmehr sind Worte oft wirkmächtige und nachhaltige Kräfte, die unser Leben beeinflussen. Das gilt ebenso für gute, segensreiche Worte wie für negative, destruktive Worte.

Ein junger Mann kommt zu mir und erzählt aus seinem Leben. Aufgewachsen ist er in einem christlichen Elternhaus, geprägt von vielen Ordnungen und Regeln, leider von wenig

Zuneigung. Früh schon hatte er sich darauf eingestellt, dass es darauf ankommt, nach außen zu funktionieren, damit seine Eltern zufrieden waren. So ging er durch seine Kindheit und Jugend. Innerlich sah es anders aus. Er lebte bald in einer Parallelwelt. Nahm wie alle anderen gelegentlich Drogen, schlief sich durch die Betten und trank zu viel. Glücklich war er dabei nicht, denn all das verstärkte den Teufelskreis in ihm, der durch eine verheerende Aussage seines Vaters geprägt war: Du kannst das nicht, du genügst nicht. Das Schlimme war, dass rein äußerlich alles glänzend lief. Aber nichts in seinem Leben stimmte wirklich.

Es gibt Worte und Festlegungen, die unser Leben über Jahrzehnte prägen und beeinflussen können. Getrieben von der Sorge, sein Leben nicht bewältigen zu können, versuchte dieser junge Mann, sich auf andere Weise Anerkennung und Liebe zu holen. Wie gut kann man das verstehen. Denn jeder von uns lebt von Anerkennung und Bestätigung, die man uns zeigt oder uns zuspricht. Worte haben Macht, manchmal ein ganzes Leben lang.

Aber so muss es nicht sein. Da tritt eine sehr belastete Frau von hinten an den Rabbi Jesus heran und berührt seinen Umhang. Sie hatte eine Krankheit, die sie aus damaliger Sicht unrein machte. Und das war eine Katastrophe. Wer unrein war, war von der Teilnahme am Gottesdienst ausgeschlossen. Abgeschnitten von Gott und der Welt, missachtet, an den Rand gedrängt. Unrein zu sein war wie ein Fluch. Aber sie hatte gehört, dass dieser Rabbi gesund machen könne. Und dann ergreift sie ihre Chance und greift nach ihm, mit dem Mut der Verzweiflung.

Und was tut er? Er spricht sie an: Dein Glaube hat dir geholfen, gehe in Frieden. Was muss das in dieser Frau ausgelöst haben – diese Zusage des Friedens, diese Ermutigung, dass gerade sie Glauben bewiesen hatte und nicht von Gott abgeschnitten war. Heute würde man sagen: Gut, dass du dich nicht verkrochen hast. So, wie du gekommen bist, war es gut. Denn du bist ein geliebter und anerkannter und bejahter Mensch. Schalom, umfassender Friede, ist mit dir.

Ich stelle mir vor, wie das Leben dieser Frau wohl nach dieser Begegnung verlaufen ist. Nicht nur die äußeren Umstände waren nun andere geworden. Ihr Innerstes war berührt worden – durch Worte der Anerkennung, durch den Zuspruch, dass sie im Frieden sein kann.

Alltagsspiritualität muss sich in den Kleinigkeiten unseres Alltags auswirken.

Es gibt Wege, solche Leben spendenden Worte in unserem Alltag einzuüben. Nehmen wir zum Beispiel das Wort: „Ich bin ein geliebter Mensch." Ich schreibe mir den Satz auf ein Blatt Papier und hänge ihn an meinen Spiegel im Bad, klebe ihn an meinen Computer, lege ihn in ein Buch. Wenn ich morgens noch verschlafen ins Bad gehe, wartet auf mich dieses Wort: Du bist ein geliebter Mensch. Was für ein Start in den Tag – gerade dann, wenn trübe Gedanken über den langen Arbeitstag und die Kollegen und das schlechte Wetter sich meiner bemächtigen wollen.

Alltagsspiritualität muss praktisch sein und praktische Auswirkungen haben in den kleinen Schritten des Tages. Sie muss in der Lage sein, mich mit dem innersten Kern meiner selbst in Verbindung zu bringen. Wenn es stimmt, dass jeder Mensch ein Gedanke Gottes ist, dann wartet Gott auf jeden von uns in uns. Mit guten, wohltuenden Worten zu leben, sie zu „kauen" und zu „inhalieren", sie sich immer wieder zu vergegenwärtigen, ist Medizin für unsere Seele in unserem strapaziösen Alltag. Sie lassen uns unseren Kopf über die Niederungen jedes Tages erheben. Sie ermutigen uns und beflügeln uns. Der Satz „Du bist der geliebte Mensch!" kann in unserem Alltag durch Übungen und Regelmäßigkeit zu einer Gewissheit werden, die trägt. Die Erinnerung an ihn im Wartezimmer oder im Stau verankert ihn zu einer tragenden Gewissheit. Mit solchen Sätzen können wir leben und sterben.

Klagen

Auch das *Klagen* mildert die Spannungen des Alltags. Die Bibel berichtet davon in einem eindrücklichen Beispiel.

Ein Mensch muss durch ein dunkles Tal gehen. Bisher war er vom Leben verwöhnt: reicher Besitz, eine große, glückliche Familie, eine anerkannte Stellung. Er verliert seinen Besitz, und seine Kinder sterben. Er selbst wird krank. Alles zerrinnt ihm zwischen den Fingern, was er sich in seinem Leben aufgebaut hatte. Sein Leben liegt in Trümmern.

Aber der Mann ist fromm. Ein durch und durch spirituell denkender Mensch, der weiß, dass alles, was geschieht, auch mit Gott zu tun hat. Wenn es Gott gibt, und daran hegt er keinen Zweifel, dann ist auch das Leid, das er zu tragen hat, Gott nicht verborgen, dann weiß Gott um das Schicksal dieses geschlagenen Menschen.

Aber das macht alles nur schlimmer. Wäre Gott nicht, dann könnte er sagen: Das Schicksal hat es eben schlecht mit mir gemeint, da kann man eben nichts machen. Das muss man dann tragen. Man könnte auch sagen, dass böse Mächte daran schuld seien. Aber für ihn als glaubenden Menschen ist die Lage anders. Er, der fromme Mensch, verzweifelt geradezu an seinem Glauben. Was nützt ihm nun seine Spiritualität? Warum tut Gott nichts? Warum stellt sich Gott tot? Warum nur, warum?

Der fromme Mann beginnt zu klagen. Er klagt Gott sein Leid. Er spricht aus, was ihn zerschmettert hat. Er schreit seine Verzweiflung hinaus. Er sagt nicht: Das muss ich jetzt ertragen, das hat mir Gott geschickt und das wird dann schon seinen Sinn haben. Er fügt sich eben nicht klaglos in sein Schicksal.

Die scheinbaren Freunde, die er hat, bohren an dieser Stelle empfindlich nach: „Natürlich hast du persönliche Schuld auf dich geladen, dass du so gestraft wirst. Das kann gar nicht anders sein. Wer so tief gesunken ist, muss sich etwas zuschulden kommen lassen haben, um diese Strafe zu verdienen, vor dem Gott, der doch den Menschen Gutes will und es ihnen wohlergehen lässt. Gott segnet seine gehorsamen Kinder, aber die Übeltäter bestraft er. Womit hast du also Gott erzürnt?"

Wir kennen die Geschichte von Hiob vermutlich, zumindest haben wir schon von ihr gehört. Hiob ist ein Paradebeispiel dafür, wie ein leidender Mensch nicht bei sich bleibt, sein Leid nicht in sich verschließt, sondern es hinausschreit. Die Geschichte aus dem Alten Testament zeigt, wie einsam ein leidender Mensch werden kann und wie gut gemeinter Rat völlig verfehlt sein kann.

Klagen heißt, seinen Gefühlen, seinem Schmerz, der Trauer oder dem Leid Ausdruck zu verleihen. Klagen ist etwas völlig anderes als „sich beklagen", sich beschweren. Nein, wer klagt, drückt nicht Unzufriedenheit aus über etwas, was man nicht oder zu spät bekommen hat. Klage ist der Ausdruck innerster Betroffenheit, tiefen Schmerzes, großen Unverständnisses über eine Situation, die man nicht mehr bewältigen kann. Wer klagt, bleibt nicht bei sich. Wer klagt, wehrt sich gegen die Hilflosigkeit, die man in einer Situation empfindet und die einen überwältigt hat.

Die Klage hat in unserem Leben eine sinnvolle und heilsame Aufgabe.

Wer mit Spannungen im eigenen Leben gut umgeht und sie wahrnimmt, stellt fest, dass tief im Innersten oft Gefühle der Enttäuschung, des Schmerzes, der Trauer vorhanden sind. Im Trubel des Alltags bleiben sie in der Regel verborgen. Gesunde Menschen haben Mechanismen entwickelt, wie sie den Alltag trotz dieser Gefühlsregungen weiter bewältigen können. Aber in stillen Stunden, in einer Krankheitszeit, beim Tod eines lieben Menschen brechen diese verborgenen Gefühle oft auf. Dann hat die Klage eine sinnvolle und heilsame Aufgabe in unserem Leben. Sie ist ein Ventil, durch das sich das Leid einen Ausdruck verschafft.

Eingeübte Stille und Meditation können ebenfalls lange verschüttete Emotionen von Trauer, Schmerz, Verlust, Enttäuschung ans Tageslicht bringen. Dann ist es gut, die Klage zuzulassen.

Spiritualität, die ein Gegenüber kennt, dem man vertrauen

kann, kann klagen. Nicht wenige religiöse Menschen meinen, man dürfe nicht klagen. Das richte sich gegen Gott. Man müsse sich in seinen Weg „schicken". Das Buch Hiob zeigt, dass das nicht stimmt.

Indem ich klage, gebe ich den Empfindungen, die in mir schlummern, einen Ausdruck. Sie werden greifbar, fassbar. Dadurch ist es erst möglich, dass sich Spannungen lösen. Es ist ein wechselseitiger Prozess. Durch erhebliche Spannungen wird in meinem Leben deutlich, dass etwas in Unordnung geraten ist. Indem ich dem in der Stille nachgehe, kommen die unbewussten Fragen an die Oberfläche. In der Klage spreche ich aus und lasse los, was in mir Spannungen ausgelöst hat.

Die Klage ist deshalb ein heilsamer Weg, meiner Trauer und meinem Schmerz Ausdruck zu verleihen. Sie hilft mir, Dinge nicht einfach hinzunehmen, sondern auszusprechen und loszulassen. Sie hat reinigende Funktion. Klagen heilt.

Spiritualität, die sich im Alltag bewährt, muss aufrichtig und ehrlich sein. Wer aufrichtig spirituell unterwegs ist, möchte sich nichts mehr vormachen und auch keine Rolle mehr spielen. Er oder sie möchte authentisch sein. Der klagende Mensch schüttet vor Gott sein Herz aus, und hier ist der Ort, wo die Klage Gehör findet.

Neue Wege gehen

Menschen lieben das Gewohnte. Die meisten von uns lieben es, auf Vertrautes zurückgreifen zu können, sich in bekannten Bahnen zu bewegen und dadurch Sicherheit und Halt im Leben zu finden. Das ist auch eine wichtige Erfahrung, die jeder von uns machen sollte. Denn wir brauchen die Grunderfahrung von Geborgenheit und Heimat. Wer in familiären Bezügen lebt, weiß das zu schätzen. Besonders Kindern und Jugendlichen gibt ein geborgenes Zuhause Sicherheit und Halt.

Heimat ist in der Tat ein Segen für ein gelingendes Leben. Millionen Menschen, die entweder in ihren Ländern oder aus ihren Ländern vertrieben wurden und nun heimatlos umherirren, können berichten, wie schmerzlich es ist, seine Heimat zu vermissen. Sie fühlen sich entwurzelt, ohne Halt für ihr Leben, ohne die vertrauten Gerüche und Gespräche, das Landschaftsbild, das sich eingeprägt hat, ohne den Kreis der Familie, sie vermissen die eigene Sprache und Kultur. Heimat ist lebens- und überlebensnotwendig.

Im Gespräch mit afrikanischen Freunden, die in Europa oder den USA leben, blinkt immer ein Lächeln auf, wenn sie über ihre Heimat reden. Sie seien ja schon ganz gern in Europa, und es ginge ihnen ja auch wirtschaftlich besser. Und sie könnten ihre Familie gut versorgen, wenn sie hierblieben. „Aber" – und oft kommt dann eine Pause – „es ist nicht die Heimat." Heimat riecht anders, das Licht ist anders, der unausgesprochene Ton in der Luft, in der vertrauten Landschaft und im Gesicht der Menschen.

Seit wir über viele Jahre in Afrika gelebt haben, spüre ich, was es bedeutet, zwischen zwei Welten oder besser Heimaten zu leben. Und nirgends mehr ganz zu Hause zu sein. Wenn ich in Afrika aus dem Flugzeug steige und mir die feuchtwarme Luft entgegenkommt, spüre ich: Hier bin ich richtig. Und wenn es nach Wochen wieder zurück nach Deutschland geht, weiß ich zumindest, dass das auch meine Heimat ist.

Heimat ist zudem elementar wichtig für gelingendes Leben in einem sozialen Umfeld. Jeder Staat lebt davon, dass sich Menschen in ihrer Heimat einbringen, dass sie in ihrem Umfeld für gelingendes Leben sorgen, sich ehrenamtlich engagieren und dafür sorgen, dass es uns als Gemeinschaft gut geht.

Auch der Glaube sucht Heimat.

Die Entwicklung der Klöster als geistliche Zentren in Europa war Ausdruck einer Sehnsucht nach spirituellen Orten, an denen sich Leben entfaltet. Glaube suchte Heimat und fand ihn an einem konkreten Ort, in einer Gegend, in einem Land. Dort ließ man sich nieder und entwickelte das, was man *stabilitas loci* nennt, Beständigkeit an einem Ort. Ein Mönch oder eine Nonne band sich lebenslang an ein Kloster und seine Ordnungen an einem konkreten Ort. Der Abt konnte das ändern und die Mönche oder Nonnen an einen anderen Ort senden, aber das war die Ausnahme. In der Regel blieb man, wo man war, aus gutem Grund. Von hier aus wollte man prägen, beeinflussen, bilden,

Landwirtschaft und Handel aufbauen und spirituell ein gutes Beispiel und Vorbild sein. Durch diese Ortsbindung spiritueller Menschen drückte sich Wertschätzung für Beständigkeit, Heimat und ihre Menschen aus.

Aber wie bei den meisten Dingen in dieser Welt gibt es auch hierzu einen Gegenpol. Verwurzelung, Beheimatung, Zugehörigkeit sind Erfahrungen, die ein Leben tragen können. Aber immer wieder gab und gibt es in der Menschheitsgeschichte und im Leben Einzelner auch die Gegenbewegung: den Aufbruch, die Suche nach neuen Horizonten, die Loslösung aus dem Gewohnten. Immer wieder sind Menschen aus dem Vertrauten aufgebrochen und haben neue Wege beschritten. Und auch dies ist wichtig für eine erfüllte Spiritualität im Alltag.

Aufbruch ist eine spirituelle Grunderfahrung. Zu allen Zeiten sind Menschen aus alten, vertrauten Bezügen aufgebrochen und haben Neuland erobert. Man fühlte sich berufen, hörte eine Stimme oder hatte eine Vision, die Urheber des Drangs war, aufzubrechen. So sind neue Orte und Städte entstanden, so wurden neue Länder und Kontinente entdeckt. Aber mit einem äußeren Aufbruch war es dabei nie getan. Es musste ein Ziel zugrunde liegen, eine neue Aufgabe, die es zu bewältigen galt. Eines der schönsten Beispiele für einen solchen Aufbruch, das ich kenne, ist das Volk Israel, das in Ägypten unterdrückt wurde. Mose drängte es zum Aufbruch und führte es durch viele Schwierigkeiten hindurch in ein eigenes Land, das Israel zum Besitz wurde.

Auf dem Weg in die neue Freiheit erlebte Israel viele Schwierigkeiten und überwand viele Hindernisse, sodass es sich oft zurücksehnte nach den vertrauten Verhältnissen in Ägypten. Das ehemalige „Sklavenhaus“ des Mangels und der Unfreiheit verwandelte sich im Blick zurück in ein vermeintliches Steakhaus.

Und es bewahrheitete sich auch hier die alte Weisheit, dass der Blick zurück oft verklärt ist. Ja, der Weg in die Freiheit muss erkämpft und manchmal auch erlitten werden.

Aber dieser Weg aus erstarrten, einengenden Verhältnissen in eine neue Zukunft ist eine zutiefst spirituelle Reise. Und auf dieser Reise sind wir nicht allein. Der Aufbruch Israels ist auch ein Bild dafür, was es heißt, Gefangenschaften und Gefängnisse hinter sich zu lassen. Orte, die dunkel sind, die keine Verheißung in sich tragen, sondern Mühe, Last und Unfreiheit bedeuten, zu verlassen und sich auf die Suche nach einer anderen Zukunft zu machen.

Der Weg in die Freiheit muss erkämpft
und manchmal auch erlitten werden.

Dass es hier nicht nur um den Aufbruch von äußeren „Sklavenhäusern" geht, liegt auf der Hand. Man kann aus einem Umfeld aufbrechen, das einen negativ prägt und dem man sich entziehen muss, damit man gesund bleibt. Das kann eine Arbeitsstelle sein, die sich wie ein Gefängnis anfühlt, eine ungesunde Beziehung, ja auch eine Gemeinde mit einer gewissen Enge und Prägung, über die man schon längst innerlich hinausgewachsen ist. Man sollte irgendwann aus dem Elternhaus aufbrechen, äußerlich und innerlich, und auf eigenen Beinen stehen, sein eigenes Leben führen und auch verantworten, sonst wird man nicht erwachsen. Mietfreie Dachwohnungen im Elternhaus sind in aller Regel vergiftete Angebote, die ein Erwachsenwerden verhindern wollen.

Spiritualität wird dann zu einem gesunden Antrieb für den Aufbruch, wenn sie dazu führt, dass sich das Leben entfalten kann, dass ein Mensch eine Neugierde und Freude auf Neues entwickelt. Ich spüre dann selbst im Aufbruch, dass es gut und richtig ist, was ich tue, und dass ich im Unterwegssein ganz bei mir bin.

Unser Leben verläuft in Phasen. Rein physisch ist das offensichtlich. Wir lassen Kindheit, Jugend, Elternsein hinter uns und erreichen irgendwann das Alter. Und schließlich lassen wir einmal alles los, weil das Leben es so vorsieht. Alles ist endlich. Jede Lebensphase hat ihren Reiz und ihre Aufgabe, die sie an uns stellt. Wir lernen dabei immer etwas, wenn wir neugierig und offen bleiben.

Gesunde Spiritualität wandelt sich mit den Lebensphasen.

Das Interessante daran ist, dass Spiritualität in jeder Lebensphase anders gelebt wird. Hoffentlich. Kinder singen Kinderlieder vom lieben Gott, der seine Hand über sie hält. Das ist sehr gut, denn es stärkt das Grundvertrauen in die Güte Gottes. Jugendliche entdecken zum ersten Mal in ihrem Leben, dass es sein könnte, dass Gott nicht immer und überall gleich verfügbar ist und nicht auf alle Fragen eine Instantantwort aus dem Ärmel zaubert. Erwachsene müssen erkennen, dass das Leben Härten mit sich bringt, manche hohen Ziele nicht erreicht werden können und Scheitern zum Leben gehören kann. Der ältere und mit sich versöhnte Mensch hat gelernt, loszulassen. Er hat keine überzogenen Erwartungen an sich und an andere mehr. Er ist als spirituell erfahrener Mensch ans Ende einer aufregenden, schönen, mühsamen und manchmal seltsamen Reise gekommen. Aber es ist gut so, wie es ist. Der reife alte Mensch ist nicht resigniert oder verbittert. Er hat wirklich seinen Frieden mit sich und der Welt gemacht.

Jede Lebensphase, durch die wir gingen, ging über in eine neue und stellte uns vor neue Aufgaben. Wir mussten uns immer wieder neu auf den Weg machen, mussten neue Antworten auf neue Fragen finden und manchmal auch auf alte Fragen neue Antworten suchen. Wir haben gespürt, dass manche Antwort, die wir als junger Mensch gegeben haben, nicht getragen hat. Wir waren vorlaut, vorschnell, sehr selbstgewiss. Wir wussten vieles besser. Nun sind wir etwas vorsichtiger geworden in unserem Urteil, haben gelernt, dass man Dinge auch anders sehen kann und dass das nicht schlimm ist.

Manche Menschen erschreckt das. Ich dagegen habe entdeckt, dass Wachstum auch bedeuten kann, dass sich Spiritualität und Einsichten wandeln und dass nicht alles, was früher richtig war, auch heute noch gelten muss. Manches war früher richtig, ist es aber heute nicht mehr; und manches war noch nie richtig, auch wenn wir es geglaubt und verteidigt haben.

Man kann auch innerlich neu aufbrechen. Aufbrechen bedeutet nicht unbedingt, an einen neuen Ort zu ziehen. Ich kenne Menschen, die ein Leben lang an einem Ort geblieben sind und sich für andere Menschen, für die Kommune und in einer Gemeinde eingesetzt haben. Sie sind innerlich wach geblieben, haben sich interessiert, viel gelesen, sind immer wieder an andere Orte gereist, um sich inspirieren zu lassen. Und sind dann zurückgekehrt in ihre alte Heimat.

Man kann auch in der alten Heimat neue Wege gehen. Man kann wach bleiben im Vertrauten. Entscheidend scheint zu sein, dass ich neugierig bleibe und mir die Bereitschaft erhalte, zu lernen. Denn ich habe auch im Ausland Deutsche erlebt, die immer deutscher wurden, die sich vor dem Fremden abgeschottet haben und nichts aus der anderen Kultur kennenlernen, geschweige denn übernehmen wollten. Der Beruf zwang sie zu einem Leben im Ausland, aber ihre innere Haltung wuchs nicht mit.

Man kann auch in der alten Heimat neue Wege gehen.
Entscheidend ist, dass ich neugierig bleibe
und mir die Bereitschaft erhalte, immer wieder dazuzulernen.

Als Deutschland in den letzten Jahren ungewöhnlich viele Geflüchtete aufgenommen hat, hat das viele, eher konservative Menschen, geängstigt. Angst und Sorge haben Gründe, die man nicht vorschnell vom Tisch wischen sollte. Als Kirchengemeinde haben wir uns auf den Weg gemacht, geflüchteten Menschen in der Fremde ein Stück Heimat anzubieten. So entstand ein Café für Geflüchtete, es gab Einladungen in den Familien, gemeinsame Gottesdienste, Kurse für den Glauben in arabischer Sprache und intensive Begegnungen. Nicht wenige Menschen haben entdeckt, dass erst die Begegnung mit diesen „Fremden" zu einem neuen Denken geführt hat. Die Gemeinde und mit ihr viele Mitglieder sind neu aufgebrochen und haben sich auf den Weg gemacht, und dieser Weg hat auch die Gemeinde verändert.

Ein innerer Aufbruch entsteht in der Begegnung mit Menschen, durch neue Fragen, die sich uns stellen, und durch

Umstände, die uns zu neuen Antworten zwingen. Sicher, man kann sich dem auch verweigern mit dem pauschalen Satz: Das haben wir noch nie gemacht. Den Gottesdienst musste man umstellen. Es sei nicht mehr so wie früher. Und das stimmte ja auch. Es war ein Schritt heraus aus vertrauten und heimischen Wegen.

Wer spirituell unterwegs ist, macht sich immer wieder auf, Altes hinter sich zu lassen. Er wird eine spannende, manchmal abenteuerliche Wanderschaft erleben, die ihn selbst auf dem Weg verändert, oft, ohne dass man es merkt.

Es gibt Situationen im Leben, in denen man spürt, dass man alte Wege verlassen muss, weil sie nicht mehr in die richtige Richtung tragen. Das kann auch für eine geistliche Heimat gelten. Es war keineswegs alles schlecht, was man bisher erfahren hat. Im Gegenteil, man hat eine innere Heimat gefunden, Freundschaften geschlossen und gute spirituelle Erfahrungen gesammelt. Umso schmerzlicher ist dann die Erkenntnis, dass nun definitiv etwas zu Ende geht, weil man sich selbst weiterentwickelt hat oder weil man sich eingestehen muss, dass Dinge nicht zum Besten stehen. Und dass man jetzt einen Schritt aus dem Vertrauten, Geborgenheitgebenden heraustreten muss, ohne bereits zu wissen, wo es hingeht. Man würde nicht gut im Alten bleiben können, das spürt man deutlich. Es passt einfach nicht mehr. Man verlässt das Boot, und es fühlt sich an, als ginge man auf dem Wasser, ohne festen Grund unter den Füßen und ohne Sicherheit. Aber man ist unterwegs, man steht nicht still.

Und das ist das Entscheidende. Wenn man spürt, dass etwas zu Ende geht, dann ist es gut, sorgfältig hinzuhören. Gehe ich aus Frustration oder Verärgerung? Gehe ich, weil ich mich verändert habe? Tut mir der bisherige Ort einfach nicht mehr gut, weil das, was ich dort erlebe, nicht mehr mit dem übereinstimmt, was ich glaube? Wer an einer wichtigen Wegkreuzung gut hinhört und still wird, wird seinen Weg finden und ihn dann auch festen Schrittes gehen können.

Heimat zu finden im Unterwegssein, das ist die Kunst. Wer neue Wege geht, ist unterwegs und entdeckt immer neue Landschaften. Auf der Lebensreise kann man die beglückende Erfahrung machen, dass allein die Reise und das Bewusstsein, unterwegs zu sein, ein beglückendes Gefühl der Geborgenheit schenken können. Das Leben bleibt spannend. Ich entdecke immer neue Facetten, lerne neue Menschen kennen. Ich beobachte und stelle fest, dass man ganz anders leben, essen, wohnen und glauben kann, als ich es gewohnt war. Und dass andere Menschen sogar glücklich dabei sind, es anders zu machen.

In meiner Jugend war klar: Wer katholisch ist, ist kein richtiger Christ. Wir waren „Hardcore-Protestanten". Längst habe ich entdeckt, wie reich der Schatz katholischer Spiritualität ist, und ich erschrecke bis heute über die Naivität meiner frühen Überzeugung.

Heute bin ich davon überzeugt, dass auch Spiritualität sich wandeln muss und einem Wachstumsprozess unterliegt. Aber dieser geht nicht in die Richtung „weiter, schneller, mehr, besser". Es fällt uns schwer, einzusehen, dass es zur reifen Spiritualität gehört, zurückzustecken, Träume aufzugeben, sich Grenzen einzugestehen und das Leben so anzunehmen, wie es nun einmal ist. Reife Spiritualität erkennt in diesen Erfahrungen nicht ein Scheitern, sondern vielmehr das Reifen des Lebens im Unterwegssein.

Geborgenheit im Unterwegssein, inneres Beheimatetsein und das Vertrauen, dass mein Leben in einer guten Weise verläuft, weil da einer ist, der mich trägt, sind Zeichen reifer Spiritualität, die sich im Alltag bewährt und in den Stürmen des Lebens standgehalten hat.

Zuversicht üben

„Hoffnung ist nicht die Überzeugung, dass etwas gut ausgeht, sondern die Gewissheit, dass etwas Sinn hat, egal, wie es ausgeht.“
Vaclav Havel

Thomas hat ein schwieriges Jahr hinter sich. Schon zu Beginn sah es so aus, als würde seine Mutter nicht mehr lange leben, und so kam es auch. Krebs, intensive Pflege, nur sechs Wochen im Hospiz und dann ging alles ganz schnell. Thomas hatte nicht damit gerechnet, dass ihn der Tod seiner Mutter derart treffen würde. Schon bald nach der Beerdigung, als er viele Briefe und Unterlagen aus der aufgelösten Wohnung durchging, kamen die Kindheitserinnerungen hoch. Neben schönen und erfüllenden Erinnerungen standen plötzlich auch wieder schmerzliche Erfahrungen vor seinen Augen. Da war die Ablehnung des Vaters, der nicht zufrieden war mit dem Beruf seines Sohnes. „Lehrer wird jeder, das machen die, denen es nicht zu einem richtigen Studium reicht.“ Es waren Sätze wie diese, die ihn verletzt hatten und die er lange mit sich herumgeschleppt hatte. Daneben standen auch gute Erfahrungen seiner Kindheit, beglückende Urlaube an der See, die Liebe der Mutter, seine Geschwister, mit denen er sich bis heute verbunden fühlte.

Mit etwas Abstand bekam Thomas wieder Boden unter die Füße und gewann seine alte Zuversicht zurück. Das Leben, so seine Erfahrung, hatte es trotz allem gut mit ihm gemeint.

Er spürte die Geborgenheit durch seine Frau und Kinder, hatte einen guten Beruf und erfuhr Erfüllung in dem, was er tat. Nicht alles war gut und einfach, beileibe nicht. Aber alles, was ihm widerfahren ist, war Teil seiner Biografie geworden, und es war in Ordnung so, wie es war.

Menschen wie Thomas sind gesund. Sie haben eine grundlegende Zuversicht in das eigene Leben entwickelt und können Erfahrungen integrieren, gute ebenso wie die, die weniger schön sind. Schwere Situationen beschäftigen sie dennoch, bringen sie zeitweise auch ins Schwanken, aber sie fangen sich wieder. Sie haben die Fähigkeit entwickelt, Geschehnisse einzuordnen und ihnen den richtigen Platz in ihrem Leben zuzuschreiben. Negative Erfahrungen wachsen nicht zu bedrohlichen Ungeheuern an, die das ganze Leben mit Angst und Sorge überschatten. Und die guten, erfolgreichen und beglückenden Erfahrungen steigen ihnen nicht zu Kopf. Sie freuen sich daran und nehmen sie dankbar als Geschenke des Lebens an. Sie feiern die schönen Ereignisse und gehen dann wieder zum Alltag über.

Woran liegt es, ob ein Mensch zuversichtlich ist oder eben nicht? Dass für manche Menschen einfach immer das Glas halb voll, bei anderen dagegen halb leer ist? Liegt es an der Persönlichkeitsstruktur? An den Genen? An den Erfahrungen, die jemand gemacht hat? Und worin besteht der Unterschied zwischen Optimismus und Zuversicht? Und last, but not least: Welche Rolle spielt die Spiritualität im Alltag dabei?

Mit Sicherheit kann man sagen, dass es vor allem eine Frage der Haltung ist, die man zum Leben einnimmt.

Zuversicht ist eine innere Haltung, die auch dann besteht, wenn es keinen unbedingten Grund zum Optimismus gibt. Ein zuversichtlicher Mensch geht davon aus, dass es immer einen

Weg geben wird, egal, wie sich eine schwierige Situation, etwa eine Krankheit, entwickelt. Der zuversichtliche Mensch hat eine innere Stärke entwickelt, die es ihm erlaubt, eine gewisse Distanz zu konkreten Umständen zu halten. Er trägt etwas in sich, das ihn wie ein Kompass leitet, auch wenn es gerade nichts zu lachen gibt. Schicksalsschläge mögen kommen, aber er hat die Zuversicht, sie bewältigen zu können. Denn er geht davon aus, dass alles im Leben zu einem tieferen Sinn beiträgt, auch das, was auf den ersten Blick sinnlos erscheint. Vermutlich gibt es einen Weg, damit gut umzugehen, denkt er. Wenn es nicht auf dem einen Weg klappt, dann vielleicht über Umwege. Er vertraut, dass er Spielräume entdecken wird, die einen Weg weisen. Sieht er Probleme wie Berge vor sich, dann überlegt er, wie man um den Berg herumgehen kann. Geht das nicht, wäre ja auch der Weg über den Berg möglich. Ist dieser auch versperrt, dann bleibt einem nichts anderes übrig, als sich durch den Berg hindurchzuarbeiten. Vielleicht findet man so ganz nebenbei auch etwas Gold? Diese Haltung der Zuversicht gibt ihm Kraft und Ausdauer in nahezu jeder Lebenslage.

Wer in seinem Leben einen Sinn entdeckt hat,
kann auch in schwierigsten Umständen
Zuversicht schöpfen.

Dabei verdrängt er die Probleme nicht. Er sieht den Berg sehr wohl. Er ist sich der Schwierigkeiten bewusst, aber er ist dennoch zuversichtlich, weil er hinter dem Offensichtlichen einen tieferen Sinn entdeckt.

Der Wiener Psychiater Victor Frankl hat in seiner schwierigsten Lebensphase – seinem Leben im Konzentrationslager – eine erstaunliche Entdeckung gemacht. Sie wurde in dem lesenswerten Buch *Dennoch Ja zum Leben sagen* festgehalten. Sein Fazit: Selbst unter den unmenschlichsten Bedingungen können Menschen Zuversicht schöpfen, wenn sie einen Sinn im Leben entdecken. Häftlinge, die alles für sinnlos und hoffnungslos wahrnahmen, starben schneller. Sie hatten sich aufgegeben. Wer jedoch zuversichtlich war, diese Zeit überstehen zu können, und Hoffnung hatte, etwa die, dass jemand auf ihn wartete, hatte höhere Überlebenschancen. Es war ohne Zweifel hochdramatisch, in einem Arbeitslager überleben zu müssen. Umso erstaunlicher war Frankls Beobachtung, dass Menschen, die in ihrem Leben einen Sinn über die aktuelle Situation hinaus sahen und hofften, eher überlebten als andere. Sie hatten ein Bild von der Zukunft: Sie stellten sich vor, wie sie mit ihren Liebsten wieder am Tisch sitzen und ein gutes Essen genießen würden. Das hat ihnen innere Stärke gegeben, mit schrecklichsten Umständen wie Hunger, Kälte, Willkür und drohendem Tod umzugehen.

Zuversicht entwickelt Kräfte im Menschen, die ihm angesichts schwieriger Umstände das Leben retten können. Zuversicht ist das Ja zum Leben, die Freude am Dasein und die Gewissheit, dass es eine Zukunft für mich gibt. Zuversicht nährt sich aus der Erfahrung, dass das Leben einen Sinn hat – auch in schwierigsten Umständen.

Nun machen wir alle auch Erfahrungen in unserem Leben, die nicht einfach zu verarbeiten sind. Das Leben ist zwiespältig und oft uneindeutig. Je älter wir werden, desto deutlicher tritt uns das vor Augen. Wir tragen Wunden davon, die uns zeichnen und mit denen wir zu leben gelernt haben. Wir tragen Fragen mit uns, auf die wir keine Antwort bekommen haben. Vieles ist gelungen, und anderes ist gründlich danebengegangen.

Wie kann man angesichts dieser Zwiespältigkeit zuversichtlich bleiben? Es gelingt, wenn wir entdecken, dass es so etwas wie eine verborgene Führung oder Fügung für unser Leben gibt, die sich auch durch schwierige Lebensphasen hindurchzieht. Sinn in meinem Dasein zu entdecken bedeutet, dass mein Leben wertvoll ist und dass es einen Unterschied macht, ob es mich gibt oder nicht.

Für viele Menschen ist der Glaube die Ursache für eine Haltung der Zuversicht und des Urvertrauens. Menschen, die spirituell unterwegs sind, also eine Haltung des Glaubens und des Vertrauens haben, können zuversichtlich sein. Sie schauen „dahinter“ oder „darüber hinaus“. Und eben dieser Blick macht es möglich, eine positive Grundhaltung zu entwickeln und diese auch in Krisen durchzuhalten. Es macht einen entscheidenden Unterschied, wenn ein Mensch sein Leben als Glaubender und Vertrauender aus der Hand Gottes annimmt. Wenn er weiß, dass damit seinem Leben in guten und schweren Zeiten ein übergeordneter Rahmen gegeben ist, in dem er sein Leben als eingeordnet erlebt. Zuversicht bedeutet dann, dass man „dennoch zuversichtlich“ ist, obwohl das Leben es anscheinend gerade nicht gut mit mir meint. Menschen, die dem Glauben eine tragende Rolle in ihrem Leben zugestehen, sind deshalb zuversichtliche Menschen. Das „Dennoch“ des Glaubens ist die Zuversicht, die im Alltag trägt und durchträgt.

Nun gibt es Menschen, denen die Zuversicht nicht leichtfällt. Das gilt selbstverständlich auch für glaubende Menschen. Es gibt viele unterschiedliche Persönlichkeitsmodelle, die die

Grundmuster unseres Verhaltens und unseres Charakters beschreiben. Sie können eine großartige Hilfe sein, sich selbst besser zu verstehen und sich selbst und dem eigenen Verhalten damit sozusagen „auf die Schliche zu kommen".

Es ist in der Tat so, dass es unterschiedliche Grundtypen von Menschen gibt, die auf eine ähnliche Art und Weise denken, fühlen und handeln. Auf die Frage nach den Ursachen dafür gibt es unterschiedliche Antworten. Vermutlich ist es eine Mischung aus antrainiertem Verhalten, gesammelter Erfahrung, verarbeiteten und unverarbeiteten Konflikten und den Genen, also dem Stoff, der uns mitgegeben wurde. Jeder und jede von uns hat ein gewisses Erbe als Paket mitbekommen, eine Anlage, die zugleich eine Aufgabe darstellt. Aus diesen Anlagen kann man etwas machen, Talente kann man wecken. Aber den Jähzorn, der eben auch in der Familie liegen kann, gilt es zu zügeln und in den Griff zu bekommen. So gibt es Menschen, die dazu tendieren, eher kritisch, negativ, wenig zuversichtlich zu empfinden, zu denken und zu leben. Das ist zunächst einfach eine Grundveranlagung.

Spiritualität ist ein Schlüssel,
um die Tür zu einer zuversichtlichen Lebenshaltung
aufzuschließen.

Wenn es gelänge, sich dieser Tatsache zu stellen und dies wahrzunehmen, wäre man ein großes Stück weiter. Wenn der Mensch seine Gaben und Grenzen wahrnimmt, kommt er zu sich selbst und fängt an, sich der eigenen Persönlichkeit sozusagen gegenüberzustellen. Ein Mensch, der sagen kann: „Ja, ich neige dazu, das Glas eher als halb leer zu sehen, ich bin dem Leben gegenüber skeptisch eingestellt, mir fallen die positiven Gedanken schwer", hat sich auseinandergesetzt. Und nur so ist es auch möglich, dieser Haltung im Alltag etwas entgegenzusetzen. Spiritualität ist ein Schlüssel, um die Tür zu einer zuversichtlichen Haltung aufzuschließen.

Kann man Zuversicht lernen? Und wenn ja, welche Schritte kann man dazu unternehmen?

Die biblischen Psalmen sind Gebete von einzelnen Menschen aus unterschiedlichen Lebenssituationen. Sie schildern Freude und Verzweiflung, tiefste Depression und Hoffnung auf den Gott, der helfen kann. Ich kenne keine größere Sammlung von Texten, die einerseits so lebensnah sind und zugleich so viel Hoffnung und Zuversicht ausstrahlen.

Nehmen wir einmal den Psalm 121, einen sogenannten Wallfahrtspsalm. Er wurde immer dann gebetet, wenn Juden zu den großen Festen nach Jerusalem gepilgert sind, ein Ausdruck des Grundvertrauens und der Zuversicht.

Ich hebe meine Augen auf zu den Bergen.

Woher kommt mir Hilfe?
Meine Hilfe kommt vom Herrn,
der Himmel und Erde gemacht hat.

Er wird deinen Fuß nicht gleiten lassen,
und der dich behütet, schläft nicht.
Siehe, der Hüter Israels schläft
und schlummert nicht.

Der Herr behütet dich;
der Herr ist dein Schatten über deiner rechten Hand,
dass dich des Tages die Sonne nicht steche
noch der Mond des Nachts.

Der Herr behüte dich vor allem Übel,
er behüte deine Seele.
Der Herr behütet deinen Ausgang und Eingang
von nun an bis in Ewigkeit!

Der Psalm beginnt mit einer Aufforderung, die nicht nur spirituell von Bedeutung ist, sondern auch psychologisch. Wer die Augen aufhebt, sieht den Horizont. Er blickt über den Tellerrand der eigenen Erfahrung, über die Beschwerlichkeit des Weges hinaus in die Berge, die Jerusalem umgeben. Dort, jenseits des momentanen eigenen Standortes, jenseits der eigenen Begrenztheit, ist meine Zuversicht und Hoffnung. Es gibt ein „Mehr", das ganz Andere, auf das ich zugehe. An der Grenze eigener Erfahrung und an der Grenze des eigenen Lebensweges eröffnet sich für spirituelle Menschen ein neuer, weiterer Weg, der über sie selbst hinausweist.

Der Beter gesteht sich deshalb ein: Ich selbst kann mir nicht helfen, meine Hilfe kommt von außen. Und damit sind wir bei einer zentralen Überzeugung jüdischer und christlicher Spiritualität. Hilfe, Kraft und Zuversicht erwartet der gläubige und vertrauende Mensch von seinem Gegenüber, von Gott. Der Israelit konnte sagen: Dort, in den Bergen, in der Stadt Jerusalem, steht der Tempel. Dort ist der Ort der Anbetung Gottes. Dort ist der Ort, wo Gott „wohnt", wo er seine Gegenwart erfahren lässt. Dieser Ort ist der Ursprung unserer Hoffnung. Dort finden wir

Ruhe und Halt, es ist dieser Ort, der uns trägt. Wenn wir dort sind, wird alles gut.

An der Grenze eigener Erfahrung und an der Grenze des eigenen Lebensweges eröffnet sich für spirituelle Menschen ein neuer, weiterer Weg, der über sie selbst hinausweist.

Christen denken erstaunlich ähnlich. Dort, in den Bergen, in Jerusalem, ist der Ort, an dem sich Jesus, der Sohn Gottes, für uns Menschen hingegeben hat. Dort, am Kreuz, also außerhalb unserer selbst, ist der Ort, an dem wir Halt und Frieden finden. Im Wegschauen von uns selbst und im Hinausschauen über den eigenen Horizont finden gläubige Menschen Halt, Orientierung und Heimat. In diesem Sinn ist Spiritualität eine Haltung, die über sich hinausschaut auf ein Gegenüber. Für Christen ist dieses Gegenüber Gott oder Jesus Christus. Darin liegt die Zuversicht des glaubenden Menschen.

In der Folge geht der Psalm dann in Andeutungen auf die Beschwerlichkeit und die Gefährdungen des Lebens ein. Er redet davon, dass der Fuß ausgleiten kann und dass Sonne und Mond „stechen" können. Er redet ganz allgemein vom Übel, das einen Menschen treffen kann. Das ist das Erstaunliche an diesem Psalm: Negatives, Gefahren am Tag und in der Nacht werden nicht ausgeblendet. Man kann auch auf dem Weg mit und zu Gott ausgleiten und den Halt verlieren. Man kann tatsächlich vom Weg abkommen und sich verirren. Das Leben ist keine Einbahnstraße zum lieben Gott, auf dem eine Vollkaskoversicherung für alles aufkommt, was unterwegs schiefgehen kann. Dennoch verströmt der Psalm Zuversicht, weil die Hoffnung, die der Beter hat, trotz aller Gefährdungen begründet ist. Es ist das Vertrauen, dass der Pilger trotz aller Gefahren von Gott, seinem Gegenüber, auf dem Weg geleitet wird.

Zuversichtliches Vertrauen blendet Negatives nicht aus. Es gibt eine Form von Glauben, die dazu neigt, die Wirklichkeit zu verdrängen, zu beschönigen, nicht wahrhaben zu wollen. Man sagt dann: „Wenn Gott bei dir ist, kann dir das nicht passieren, dass du vom Weg abkommst. Und wenn du krank wirst, dann vertraue auf Gott, und du wirst sicher wieder gesund werden. Du musst nur richtig glauben." Solche Sätze sind bestenfalls naiv, schlimmstenfalls gefährlich. Und wie bereits angedeutet gibt es Formen der Spiritualität, christlicher oder anderer Art, vor denen man warnen muss. Sie erzeugen ungesunde und unwahrhaftige Erwartungen. Ja, es stimmt, dass es in den Grenzbereichen unseres Lebens Wundererfahrungen und Heilungen gibt, die wir nicht logisch fassen und erklären können. Spiritualität geht über den Bereich der reinen Wissenschaft hinaus in eine Wirklichkeit, die nicht mit Zahlen und Fakten zu beschreiben ist.

Aber das menschliche Leben ist auch seit jeher davon gekennzeichnet, dass es bruchstückhaft ist, fehlerhaft und letztlich vom Tod gezeichnet. Das Schöne an der Zuversicht ist, dass sie gerade angesichts dieser Tatsache bestehen bleibt. Der Zuversichtliche ist „dennoch" zuversichtlich. Und deshalb ist die Zuversicht eine der wichtigsten lebensfördernden Haltungen, die wir haben können und einüben sollten, weil sie eine Kraft ist, die uns über die Höhen und Tiefen des Lebens trägt.

Diese Haltung der Zuversicht, die trotz aller Tiefen des Lebens Bestand hat, möchte ich an einem Beispiel verdeutlichen.

Als ich dieses Kapitel schrieb, befand sich Deutschland in einer sehr dunklen Phase der Covid-19-Pandemie. Es war Winter, kurz vor Weihnachten, und damit die dunkelste Zeit im Jahr. Es rollte eine neue Virusvariante über unser Land und brachte viele Menschen in große Sorge. Die Sorge war berechtigt, denn täglich starben zwischen 300 und 500 Menschen an den Folgen dieser Seuche. Die Krise dauerte nun schon fast zwei Jahre, und ein Ende war nicht abzusehen. Die Zeitungen und die Nachrichten waren täglich voll von neuen Katastrophenmeldungen. Und nun rückte Weihnachten nahe, und es gab wieder Kontaktbeschränkungen. Kann man seine alten Eltern wieder nicht sehen? Müssen die Kinder wieder zu Hause bleiben? Was würde das neue Jahr bringen? Hatte das denn nie ein Ende?

Das Schöne an der Zuversicht ist,
dass sie gerade angesichts der Grenzen des
menschlichen Lebens bestehen bleibt.

Ich fand das persönlich alles zwar erträglich, bemerkte aber um mich herum eine zunehmende Lähmung und Resignation. Auf der Gegenseite wuchsen Aggression und Wut. Deutschland schwankte zwischen Apathie und Aufruhr wie selten zuvor. Am 24.12.2021 brachte eine große liberale Berliner Tageszeitung für mich völlig überraschend eine Titelgeschichte mit der Überschrift: *Fürchtet euch nicht!*

In Anspielung auf die biblische Weihnachtsgeschichte griff der Autor die Sorgen und Nöte der Menschen auf und nahm sie sehr ernst. Ja, die Probleme waren mit Händen zu greifen, und er benannte sie auch. Dann aber stellte er sie in den größeren Horizont anderer, positiver Erfahrungen, die wir im vergangenen Jahr machen durften. Noch nie hatten Menschen angesichts verheerender Überschwemmungen in Deutschland so viel Hilfsbereitschaft und Spenden zur Verfügung gestellt wie in diesem Krisenjahr.

Während ich weiterlas, entdeckte ich selbst, wie sich mein Blickwinkel veränderte und wie ich angesichts des Verhaltens der großen Mehrheit wieder zuversichtlich wurde. Es gibt Hoffnung, es gibt Zuversicht auch in widrigen Umständen. Und mitten in der dunkelsten und längsten Nacht wendet sich das Jahr, und die Tage werden wieder länger. Über dem Text schwebten ein Engel und ein großer leuchtender Stern. Allein das waren schon Zeichen der Zuversicht. Wir sind nicht allein. Dass ausgerechnet eine Berliner Zeitung diese Hoffnungsbotschaft verbreitete, war an sich schon ein Wunder.

Der vertrauende und glaubende Mensch bezieht immer diese jenseitige, ewige Dimension in sein Denken und Handeln ein. Er möchte, dass der Alltag davon durchdrungen und geprägt ist. Wenn das gelingt, dann kann ein Leben auch dann sinnvoll bleiben, wenn manches nicht gut ausgeht. Der Zuversichtliche entdeckt in alledem Sinn und findet auch inmitten schwieriger Umstände Halt.

Alltagsspiritualität ist geerdete Spiritualität. Sie begründet sich im „Dennoch“ des Glaubens, wo nichts ausgeblendet oder verdrängt werden muss. Und ohne dass man es immer bewusst wahrnimmt, formt sich im Lauf der Zeit eine immer stärkere Gewissheit, dass das Leben gelingen kann. Wer das von sich sagen kann, ist ein zuversichtlicher Mensch geworden, der Halt gefunden hat und anderen Halt geben kann.

Den Lebensweg gestalten

Gesunde Spiritualität fördert die aufmerksame Wahrnehmung des eigenen Lebensweges. Warum tue ich das, was ich tue? Warum lebe ich so und nicht anders? Ist mein Alltag lebenserfüllend, bereichernd, füllt er mich aus? Oder ähnelt mein Leben mehr einem Trott, dem ich mich ergeben habe? Ist die momentane Unzufriedenheit mit der Art, wie ich lebe, vorübergehend und Umständen geschuldet, die sich nicht so einfach ändern lassen? Oder gleicht mein Lebensweg schon seit Längerem einem mäandernden Flusslauf, der träge dahinfließt, als sei kein Leben in ihm? Spüre ich vielleicht, dass es Zeit ist, neue Schritte zu gehen?

Es ist gesund, sich diesen Fragen zu stellen. Sie dienen der Klärung. Denn Spiritualität fördert, wenn sie gesund ist, die Kreativität, die Neugier und damit auch neue Erfahrungsmöglichkeiten, die das Leben bietet. Ungesunde Spiritualität verbietet sich Anfragen an das eigene Leben. Denn sie nähren Zweifel, und Zweifel, so die Grundannahme, sind schlecht. Sie verunsichern, stellen infrage. Um sie abzuwehren, sagt man sich, man müsse „Kurs halten“ oder durchhalten. Da darf man nicht einfach die Lebensrichtung ändern, denn das hieße, vom richtigen Weg abzukommen. Und das ist gefährlich. Doch was ist eigentlich der richtige Weg?

Die Erfahrung von Neuaufbrüchen auf meinem Lebensweg hat ebenfalls Auswirkungen auf meine Spiritualität. Sie findet neue Formen, die der Erfahrung Gestalt geben. Wer in einen Gottesdienst geht und eine gewohnte Liturgie vorfindet, kann sich in die Liturgie fallen lassen und ein Stück Heimat in ihr finden, so er sie schätzt. Die Stärke etwa der katholischen Kirche ist unter anderem, dass man im Grunde überall in der Welt in einen katholischen Gottesdienst gehen kann und sich zu Hause fühlt. Bei allem Lokalkolorit gibt es doch ein großes Maß an Gleichheit. Ich finde, das hat etwas! Es schafft das Gefühl, zu Hause zu sein.

Aber es ist auch richtig, dass aus der Treue zu gewohnten Formen Trott werden kann. Dass vertraute Gebete nur noch mechanisch mitgesprochen werden und man mit den Gedanken ganz woanders ist. Routine erstickt Spiritualität. Routine kann zu Langeweile führen, und einen Gottesdienst in einer gewohnten Form zu erleben, vermittelt im besten Fall Geborgenheit; ein langweiliger Gottesdienst dagegen ist öde und vertane Zeit. Er inspiriert nicht, er baut nicht auf.

Alltagsspiritualität öffnet Gestaltungsspielräume für meinen Lebensweg.

Dies aufmerksam wahrzunehmen ist ein Geschenk und ein erster Schritt heraus aus dem Gewohnten. Wenn ich also Trott oder Langeweile in meinem Alltag feststelle, dann wäre es an der Zeit, einmal darüber nachzudenken, was mich denn eigentlich am meisten stört. Ist mein Glaube nur noch eine Routine, die ich äußerlich abspule? Sagt mir die Form noch etwas? Leben meine Gebete, und geben sie mir das Gefühl der Geborgenheit bei Gott? Spüre ich, dass meine Spiritualität etwas mit meinem Alltag zu tun hat, oder sind Glaube und Alltag zwei getrennte Welten? Alltagsspiritualität braucht Erdung, sie ist gegründet und gibt Halt, aber sie legt nicht fest, sodass der Glaube erstarrt. Sie eröffnet vielmehr Gestaltungsspielräume für meinen Lebensweg.

Wie könnten diese Gestaltungsmöglichkeiten im Blick auf verschiedene Lebensbereiche aussehen?

Die Arbeitswelt

Die Arbeitswelt von heute ist flexibilisiert, internationalisiert, digitalisiert. Der Wandel ist die neue Stabilität. Nichts ist heute so sicher wie ein regelmäßiger Wechsel, auch Berufswechsel. Die Flexibilisierung von Arbeit bietet viele Chancen – etwa die Bewältigung einer Pandemie durch die Möglichkeit, im Homeoffice zu arbeiten. Aber sie fordert auch heraus. Und sie kann zur Überforderung werden. Der tägliche berufliche Spaziergang durch drei bis vier unterschiedliche Konferenzplattformen mit Besprechungen kann für manche Menschen anregend sein, für andere ist er kaum zu bewältigen. Die Digitalisierung unserer Arbeitswelt hat viele Erleichterungen gebracht. Aber sie hat auch unser Leben oft irrwitzig beschleunigt und fordert schnelle Antworten, möglichst ständige Verfügbarkeit und ein Mithalten mit dem oft rasanten Tempo technischer Neuerungen. Wer international und in verschiedenen Zeitzonen arbeitet, weiß um diese Entwicklung. Nicht nur ältere Mitarbeitende kommen manchmal kaum noch hinterher.

Die Bedingungen unserer Arbeitswelt haben Auswirkungen

auf unsere Spiritualität und die Art, wie wir sie leben. Die Fragen, die uns ein wachsamer Glaube an unser Leben stellt, können deshalb lauten:

- Was erlebe ich beglückend an der Beständigkeit meines Berufs?
- Wo erdrückt mich die ständig wechselnde Herausforderung?
- Erlebe ich meine berufliche Herausforderung als Chance zum Wachstum und zur Weiterentwicklung meiner Persönlichkeit?
- Ist meine Arbeitswelt eher Belastung? Wie würde ich meine Situation in eigenen Worten beschreiben?
- Inwieweit gibt mir mein Glaube Stabilität? Tut er es denn überhaupt?
- Könnte es sein, dass mein flexibilisiertes Leben Auswirkungen auf die Art hat, wie ich glaube?

Wenn mein berufliches Leben sehr wechselhaft geworden ist, dann ist es umso wichtiger, dass mir meine Spiritualität zum Hafen wird, in dem ich so etwas wie Geborgenheit und Schutz erlebe. Ein Schiff, das vor Anker im Hafen liegt, ist geschützt vor den Stürmen und der rauen See.

Aber es ist nicht für den Hafen gemacht. Ein Schiff muss hinaus aufs Meer, dazu ist es gebaut. Spiritualität muss sich im Alltag bewähren, sonst ist sie fragwürdig. In einer schnellen und leicht überfordernden Arbeitswelt übernimmt eine lebendige Spiritualität die Aufgabe, Halt und Orientierung zu geben, aber auch Trost und Geborgenheit. Vor Gott kann ich der Mensch sein, der ich bin, und muss keine Rolle spielen. Vor Gott kann ich auch klagen, was Menschen gegenüber nicht immer ratsam ist. Gott sieht meine Situation umfassend und ehrt meine Ehrlichkeit.

Es kann sein, dass ich mich beruflich neu orientieren muss, wenn mein Glaube langfristig und grundsätzlich in meiner Arbeitswelt leidet und ich spüre, dass ich auf Dauer bei dem, was ich tue, nicht glücklich bin. Wenn aus gesunder geistlicher Ernährung in meinem Alltag nur noch Instantkost und Fastfood geworden ist, weil mir immer und beständig die Zeit für ein geistliches Leben fehlt, droht mein Leben in Schieflage zu geraten. Aber das gilt es sorgfältig zu prüfen und abzuwägen. Flucht wäre kein gutes Motiv.

Familie

Studien haben gezeigt, dass der größte Teil der jungen Menschen der Familie einen hohen Stellenwert einräumt. Weitaus die meisten wünschen sich eine Familie, wenn möglich auch noch Haus und Hund. Dahinter steckt die Sehnsucht nach Stabilität, Zugehörigkeit und danach, selbst lieben zu dürfen. Vermutlich ist es genau das, was junge Menschen heute nicht mehr selbstverständlich erfahren. Viele Ehen gehen auseinander, neue Familienformen sind entstanden, und Patchworkfamilien sind normal geworden.

Ein gesundes Familienleben ist für das Aufwachsen der nächsten Generation ein Wert, der gar nicht hoch genug eingeschätzt werden kann. Kinder erleben in stabilen Familien Bindung und Vertrauen, Geborgenheit in unsicheren Wachstumsphasen und Trost, wenn etwas nicht gelungen ist. Aber auch für die Eltern ist die Familie im besten Sinn ein Ort, in dem sie zutiefst beheimatet sein können. Gelingt eine Familie, dann ist dies auch der beste und hilfreichste Ort, an dem Glaube zuerst gelebt werden kann. Denn die Familie ist ein Schutzraum, ein Ort der Geborgenheit. Hier kann man sich öffnen für die innersten Fragen und Zweifel. Man kann es nicht besser sagen als Goethe: „Hier bin ich Mensch, hier darf ich sein."

Ein gelungenes Familienleben ist der beste Ort, um den Glauben zu vermitteln und zu leben.

Familie kann leider auch das Gegenteil sein. Und viele Menschen können davon ein Klagelied singen, dass sie diese Geborgenheit und Liebe eben nicht erfahren haben. Dies hinterlässt oft lebenslange Spuren und Schmerzen.

Wollen wir in der Familie eine Spiritualität einüben, die im Alltag Bestand hat, dann ist Folgendes dabei hilfreich:

- Kreativität, Spontanität und immer wieder neue Formen gelebten Glaubens sind unabdingbar, wenn wir den Glauben an unsere Kinder weitergeben wollen. Es genügt heute nicht, sie nur an den Ort mitzunehmen, an dem wir uns wohlfühlen. Gerade wenn sie älter werden, braucht es Formen, die ihnen entsprechen.
- Zu einer kindgerechten Spiritualität gehören nicht nur altersgerechte Lieder und Bücher, sondern sichtbar vorgelebte und im Miteinander eingeübte Werte wie bedingungsloses Vertrauen, Hingabe, Geduld, Liebe, Barmherzigkeit, Geborgenheit und vieles mehr.

- Auch die Erwachsenen sollen auf ihre Kosten kommen und sich nicht mit kindlichem Liedgut oder Geschichten begnügen, die eher für Kinder geeignet sind. Der gute Hirte und die Schäfchen sind auch für Erwachsene von Bedeutung, aber Erwachsene wissen auch, dass Glaube viele andere Dimensionen hat. Erwachsene glauben anders als ihre Kinder, und das ist auch richtig so.

Es ist deshalb schön, wenn Familien eigene neue Wege gehen, um den Glauben gemeinsam einzuüben. In der Familie, in der man einander gut kennt, ist es ein großes Geschenk, wenn Fehler eingestanden werden können und man zu seinen Schwächen steht, sodass Räume entstehen, in denen Unwahrhaftigkeit keinen Platz hat, dafür aber Glaube, Liebe und Hoffnung erfahren werden können. Wo dies der Fall ist, ist das alte Modell der Familie ein wahrhaft moderner und alternativer Weg im Leben.

Gemeinde

Glücklich der Mensch, der in einer lebendigen und herausfordernden Gemeinde lebt. Die Gemeinde ist *der* Ort inspirierender Spiritualität und neuer Wege im Glauben. Hier ist Raum für den lebensschaffenden Geist, für kreative Musik, verschiedene Formen von Lob, Anbetung und des Hörens auf das Wort Gottes. Und jeden, der das so erlebt, kann ich nur beglückwünschen. Sie sind zu Hause angekommen, ändern Sie nichts. Leben Sie darin, und entfalten Sie Ihre Gaben zum Wohl für andere Menschen.

Aber natürlich ist die Wirklichkeit vielschichtiger, um nicht zu sagen ernüchternder. Gemeinde kann so lebendig sein wie beschrieben, aber auch ganz anders. Oft ist sie nicht gerade das Gegenteil, sondern eine Mischung aus Inspiration und Transpiration – aus Geist und harter Arbeit. Aus Freude und Ärger. Ein Ort der Hoffnung und der Enttäuschung. Und manchmal leider auch ein Ort der Manipulation und des Missbrauchs.

Gemeinde als Ort gelebter Spiritualität ermöglicht Erfahrungen, die den eigenen Horizont erweitern. Lebendige Spiritualität erlaubt es, Neues und Ungewohntes zu denken und auszuprobieren. Inspirierende Gemeinde ermöglicht es, die schmalen Pfade abseits des breiten Wegs der Gewohnheit zu begehen, die zu ungeahnten Entdeckungen führen können. Als junge Leute sind wir aus einer evangelischen Gemeinde aufgebrochen und haben unterschiedliche Kommunitäten besucht, also evangelische Lebensgemeinschaften und Orden, die neue Formen des Zusammenlebens und des Glaubens ausprobiert haben. Und es war eine aufregende und inspirierende Erfahrung! Es hat uns angesteckt und verändert. Und wir begannen selbst, davon zu träumen, wie Gemeinde anders gestaltet werden könnte.

---

*Lebendige Spiritualität erlaubt es,
Neues und Ungewohntes zu denken
und auszuprobieren.*

Damit christliche Gemeinden solche Orte bleiben oder wieder werden, braucht es wache und spirituell denkende Menschen, die ein Interesse daran haben, neues Leben zu entdecken und

Neues zu wagen. Tun Sie sich zusammen, besuchen Sie inspirierende Projekte, Gemeinden oder Gemeinschaften, und lassen Sie sich anregen, neue Wege zu gehen. Und dem Gegenargument: „Das haben wir noch nie gemacht" begegnen Sie mit der Antwort: „Das sind die sechs letzten Worte einer sterbenden Gemeinde."

Sicher: Nicht alle wollen neue Wege gehen. Und vermutlich überfordert man manche Menschen in der Gemeinde auch damit. Gemeinden sind leider häufig äußerst träge, wenn es darum geht, sich auf Veränderungen einzulassen. Aber Sie müssen sich das nicht zu eigen machen, denn Sie sind auf der Suche nach einer alltagstauglichen Spiritualität, die Sie nährt und wachsen lässt. Deshalb Mut zu neuen Wegen!

Freizeit

Passen Spiritualität und Freizeit zueinander? Ist nicht das eine Pflicht und das andere Freude und Entspannung? Zumindest wird es oft so wahrgenommen.

Noch nie hatten Menschen in Deutschland so viel Freizeit wie heute. Noch nie wurde so wenig gearbeitet wie heute.[1]

Noch nie gab es so viele Möglichkeiten, seine Freizeit sinnvoll und sinnlos zu gestalten wie heute. Noch nie schauten Menschen so viel fern oder spielten am Handy. „Gefühlt" haben allerdings viele Menschen einen ganz anderen Eindruck. Die Mehrheit empfindet sich im Stress,[2] die Diagnose Burn-out hat Hochkonjunktur. Irgendetwas scheint nicht zu stimmen.

Die Freizeitgestaltung hat sich in der westlichen Welt in den letzten Jahrzehnten dramatisch verändert. Wenige

Leistungsträger haben sehr wenig freie Zeit und sind tatsächlich überlastet. Für die Mehrheit gilt aber: Wir leben auf hohem Niveau, die Grundbedürfnisse unseres Lebens sind bei der Mehrheit der Bevölkerung gestillt, und viele haben die Möglichkeit, sich die Wünsche zu erfüllen, die sie sonst noch ans Leben haben. Wohin sind wir noch nicht gereist, was passt noch in den Schrank, welches raffinierte Gericht haben wir noch nicht gegessen?

Lernen wir, unsere Freizeit als eine spirituelle Gabe an unser Leben zu verstehen: freie Zeit, die wir zu unserem Besten nutzen können.

Dazu kommt eine geradezu besessene Nutzung der sozialen Medien und des Internets. Die digitale Welt dominiert die Freizeit. Oft beobachte ich Paare oder Freundeskreise im Café oder in der Kneipe, die nebeneinandersitzen und jeder für sich mit dem Handy beschäftigt sind, nicht selten über längere Zeit. Man hat den Eindruck, das Smartphone ist der verlängerte Schnuller für Erwachsene geworden, von dem sie nicht mehr loskommen. Sind das die erstrebenswerten neuen Wege?

Ich möchte ein Gegenmodell vorschlagen. Wir können neu lernen, unsere Freizeit als eine spirituelle Gabe an unser Leben zu verstehen, ein Geschenk, das unser Leben reich macht: freie Zeit, die wir zu unserem Besten nutzen können. Und Zeit bleibt kostbar, weil sie begrenzt ist. Verstehen wir sie als spirituelle Gabe, dann stellt uns die freie Zeit folgende Frage: Welche Beschäftigung, welches wiederkehrende Ritual, welche Übung bereichert mein Leben in meiner Freizeit, sodass ich lange davon zehren kann und mich gern daran erinnere?

Es gibt Freizeitrituale, die sich sehr positiv auf unser Leben auswirken können. Dazu könnte gehören:

- Am Wochenende die Uhr ablegen, denn jetzt habe ich zwei Tage freie Zeit zur Verfügung, und ich muss einmal nicht durchgetaktet leben.
- Ein ausgedehntes Frühstück am Samstagmorgen bei schöner Musik, gutem Essen, Kerzen und einem Strauß Blumen auf dem Tisch. Das Handy ist ausgeschaltet.
- Am Abend nach der Arbeit und vor allem, was noch kommt, 15 Minuten still an einem schönen Ort sitzen und den Tag mit allem Schönen und Ärgerlichen bewusst reflektieren und hinter sich lassen.
- Etwas Ver-rücktes planen. Warum nicht in der Freizeit etwas tun, was völlig ungewöhnlich ist? Im Winter kurz in einen See springen – das vergisst man nicht so schnell. Menschen zu sich nach Hause einladen, die definitiv nicht zum Freundeskreis gehören wie z. B. eine geflüchtete Familie oder einen nur flüchtig bekannten Single aus der Nachbarschaft.
- Einen geistlichen Raum aufsuchen, der besonders ist, z. B. ein Kloster in der Nähe mit einem schönen Café, und dort an einer Führung teilnehmen.
- Sich für ein Seminar zu einem Thema, von dem man schon immer mehr wissen wollte, anmelden.

Man könnte endlos weitermachen. Worum es geht, ist Folgendes: Freizeit sollte sinnvoll verbracht werden, gewinnbringend, bereichernd. Aber es darf auch nicht darum gehen, alles lediglich unter dem Nützlichkeitsaspekt zu betrachten. Das gerade nicht! Es kann sehr bereichernd sein, sich an einem freien Winternachmittag bei einer Kanne Tee in zwei dicke Zeitungen zu vertiefen. Das nennt man dann Auszeit.

Spirituell gesehen ist die Zeit, in der nicht gearbeitet wird, wertvolle Zeit, in der ich in Beziehung zu mir selbst, zu meinen Mitmenschen und zu Gott treten kann und soll. In diesem Beziehungsdreieck Mensch – Mitmensch – Gott bin ich meiner Bestimmung am nächsten. Alles, was dieser Bestimmung dient und mich in kreative Bezüge stellt, soll in der Freizeit weiten Raum einnehmen. So kann ich entspannen, weil ich ganz bei mir, beim Nächsten und bei Gott ankomme. Und das ist ja der tiefste Sinn der freien Zeit: den Bogen des Lebens zu entspannen, damit er zu Beginn der Woche neu unter Spannung gesetzt werden kann. Spannung und Entspannung gehören zusammen.

Im traditionellen Judentum gibt es die Vorstellung von freier Zeit, die nur mir selbst zur Verfügung steht, nicht so, wie wir sie verstehen. In der Schöpfungsgeschichte wird beschrieben, dass der Mensch sechs Tage arbeiten und am siebten Tag ruhen soll, so wie es Gott auch tut. Sabbatruhe ist deshalb eigentlich *der* neue spirituelle Weg im Blick auf unsere Freizeit, der eigentlich ein alter Weg ist.

Offenheit für Fremdes

Religiösen Menschen wird nachgesagt, dass sie häufig einen konservativen Zug hätten. Sie täten sich eher schwer mit Veränderung, liebten das Gewohnte und seien neuen Einflüssen gegenüber kritisch. Das ist nicht ganz falsch. Religiöse Menschen leben mit Traditionen, und die sind über lange Zeiträume überliefert. Man gibt sie nicht so schnell auf, denn sie geben Halt.

Dennoch würde ich gerne eine Lanze dafür brechen, dass wir uns eine Offenheit für Neues erhalten sollten. Das bewahrt uns davor, stehen zu bleiben, es weitet unseren Horizont und kann auch unsere Spiritualität beleben. Auch Traditionen unterliegen Veränderungen, wie sie sich in jeder Gesellschaft vollziehen. Offenheit bedeutet nicht, alles Alte über Bord zu werfen oder automatisch jede neue Idee zu übernehmen, aber sie setzt uns frei für einen Prozess, Neues zu denken und Ungewohntes zu prüfen, der uns guttut.

Offenheit gegenüber anderen Menschen

Ein gesunder Glaube hat im Blick, dass alle Menschen geliebte Geschöpfe Gottes sind, ausnahmslos. Dies bezieht kurdische Muslime ebenso ein wie streitsüchtige Nachbarn, die geflüchtete Familie aus der Ukraine ebenso wie Menschen mit einem Lebens- und Liebeskonzept, das uns selbst völlig fremd ist. Sind wir offen anderen gegenüber, so wächst bei uns selbst die Bereitschaft, erst einmal hinzuhören, wahrzunehmen und nachzudenken, ohne sofort ein Urteil zu fällen. Diese Haltung ist unabdingbar, wenn wir eine reife Spiritualität entwickeln wollen. Abgrenzung, Ausgrenzung, eine „Lagermentalität", die Menschen einteilt in „die da draußen" und „wir hier drinnen", stehen einer Weiterentwicklung der eigenen Person entgegen, denn sie verteidigen den Status quo. Durch die Offenheit für Begegnungen dagegen entsteht ein Verbundenheitsgefühl auch mit dem Fremden.

Offenheit bedeutet nicht Beliebigkeit, und es geht an dieser Stelle nicht um gesellschaftspolitische Weichenstellungen, die man kritisch sehen darf. Es geht um eine innere Haltung und um die Bereitschaft, zu entdecken, dass der Fremde ebenso liebesbedürftig, fehlerhaft und mit Gaben beschenkt ist wie ich selbst.

Offenheit verlangt die Bereitschaft, zu entdecken, dass der Fremde ebenso liebesbedürftig, fehlerhaft und mit Gaben beschenkt ist wie ich selbst.

Eine Kirchengemeinde hat sich in der Flüchtlingskrise den Menschen gegenüber geöffnet, die es in Unterkünfte in ihrem Viertel verschlagen hat. Man hat ein Café eröffnet und verschiedene weitere Angebote gemacht. So kamen nach einer gewissen Zeit 30 bis 50 Menschen aus unterschiedlichen Kulturen samstags zusammen, um gemeinsam Zeit zu verbringen, zu kochen und miteinander zu essen. Es gab Beratung in praktischen Fragen des alltäglichen Lebens in Deutschland, eine Person aus der Gemeinde bereitete eine kurze Andacht vor. Freundschaften sind gewachsen, und man begann, sich gegenseitig zu besuchen.

Das hat nicht allen gefallen und zu grundsätzlichen Diskussionen geführt. „Verändert das nicht die Gemeinde?“ – „Ja, sicher, das ist doch auch eine Chance.“ – „Wollen wir das? Fangen die Muslime dann irgendwann an, bei uns den Gebetsteppich auszurollen?“ – „Das kann sein, und darüber müssen wir dann eben reden.“

Nach einiger Zeit hat sich eine Gruppe herausgebildet, die regelmäßig in den Gottesdienst kam. Heute wird die Schriftlesung in jedem Gottesdienst mehrsprachig gehalten. Einige Menschen haben sich taufen lassen, bei Weitem aber nicht die Mehrheit. Wir laden uns gegenseitig zum Essen ein, Christen und Muslime. Wir schätzen uns und halten auch Unterschiede aus. Entscheidend aber war, dass die Gemeinde signalisiert: Hier könnt ihr ankommen, wir hören und sehen euch, ihr seid uns wichtig. Diese Offenheit für fremde Menschen hat die Gemeinde geprägt und ein Stück weit auch verändert. Nicht selten auch tief berührt, weil man von Menschenschicksalen erfahren hat, die unfassbar schwer sind.

Offenheit gegenüber anderen Einsichten

Gläubige Menschen sind Menschen mit einer festen Überzeugung. Fundamentalisten dagegen steigern ihre eigene Überzeugung ins Absolute und Bedingungslose. Für das Phänomen des Fundamentalismus gibt es vielfältige Gründe. Angst ist nur einer davon.

Reife Spiritualität ist nicht angstgeleitet. Sie zieht sich nicht in ein Getto zurück. Sie hat es gelernt, eine eigene Überzeugung zu entwickeln und dazu zu stehen. Sie ist nicht beliebig, vielmehr lebt sie aus erarbeiteten Überzeugungen und reflektierten Haltungen. Reife Spiritualität ist offen für Neues, für Menschen etwa, die zu anderen Einsichten gekommen sind und diese für wichtig halten. Deshalb hören reife Menschen erst einmal zu. Sie versuchen zu verstehen, wie der Andere zu dieser oder jener Überzeugung gekommen ist. Sie wägen ab und lassen sich Zeit mit einem Urteil. Sie sind den Menschen zugewandt und wollen es auch bleiben, denn sie spüren, dass diese Lernbereitschaft sie selbst bereichert.

Spirituelle Erkenntnisse und Haltungen sind in der Regel eng mit unserer Biografie verknüpft.

Reife Menschen haben eine entscheidende Wahrheit verstanden. Eigene Einsichten, gerade im spirituellen Bereich, haben sehr viel mit unserer Biografie zu tun. Glaubensüberzeugungen sind nicht vom Himmel gefallen, sondern erworben. Im Laufe der Jahre sind sie gewachsen und haben sich durch Schweres, Not und Krisen, aber auch durch bereichernde Erfahrungen, Erfolge und Auseinandersetzung mit anderen Lebenskonzepten entwickelt, verändert und ausgestaltet. Sie sind krisenbewährt. Biografie und Theologie, so der bekannte Satz, hängen eng miteinander zusammen. Das zu erkennen, macht demütig und bescheiden, denn jede Biografie ist anders. Und wer der Realität gerecht werden möchte, sollte das wahrnehmen und aushalten.

Man wird dann etwas vorsichtiger mit raschen Urteilen, vorgefertigten Antworten und Rezepten aus der Schublade.

Menschen, die nicht offen für Veränderungen sind, mögen das nicht so gerne. Sie haben in ihrer Werkzeugkiste fein säuberlich für jedes Problem die geeignete Zange und nicht selten einen Hammer parat. Sorgfältig nummeriert liegen die Antworten wie die Schrauben in ihren Fächern. Immer dazu bereit, sie auch ungefragt an Stellen hineinzudrehen, wo man vermutet, dass es wichtig wäre. So kann nichts schiefgehen und entgleiten. Man will schnell und präzise Antworten geben, damit Klarheit und Eindeutigkeit herrscht. Das gibt Sicherheit und Halt.

Zu spiritueller Reife gehört die Einsicht:
Ich bin nicht Gott.

Der spirituell reife Mensch hat keine Angst, dass die eigene Sichtweise nicht standhält oder bedroht ist, wenn sie in den Dialog mit anderen Meinungen tritt. Die Überzeugungen, die er gewonnen hat, haben sich gefestigt und tragen in den Krisen des Lebens durch. Sie halten auch andere Meinungen aus und können daneben bestehen.

Zu spiritueller Reife gehört auch die Einsicht: Ich bin nicht Gott. Die letzte Wahrheit liegt nicht bei mir. Das letzte Urteil steht mir nicht zu. Offenheit gegenüber anderen Überzeugungen erhält dem spirituell denkenden Menschen die Neugier und Lernbereitschaft, im andern vielleicht doch das Reden Gottes oder zumindest einen Funken Wahrheit zu entdecken. Dies gilt selbst denen gegenüber, deren Positionen oder Verhalten dem eigenen sehr fremd und schwer verständlich sind. Ich muss mir nicht jede Einstellung zu eigen machen. Ich darf auch Haltungen bewahren, die mir wichtig geworden sind und die mich überzeugen, ohne andere zu verdammen.

Offenheit gegenüber Gott

Vielleicht wundert Sie diese Überschrift. Man könnte denken, dass spirituelle Menschen Gott gegenüber grundsätzlich offen sind. Sie sind zumindest auf der Suche, wenn sie nicht schon gefunden und sich im Gebäude des Glaubens beheimatet haben. Aber so einfach ist es nicht.

Auch Glaubensüberzeugungen können erstarren. Ich habe immer wieder festgestellt, dass Menschen eine einmal gewonnene Überzeugung, wie der Glaube zu sein hat, was Gott tun sollte, wie Religion „funktioniert“, nicht gern loslassen. Gerade weil der Glaube für den glaubenden Menschen ein hoher Wert ist, hat er ein großes Beharrungspotenzial. Er soll „sicher“ sein, stabil, verlässlich, tragfähig. Wie passt das zusammen mit dem Lebensgesetz, dass alles Lebendige sich verändert?

Viele christliche Gruppen und auch Gemeinden und Kirchen haben eine sehr detaillierte Vorstellung davon, wie Gott ist und was er zu dieser oder jener Frage des menschlichen Lebens zu sagen hat. Sie sind sich in diesen Überzeugungen ganz sicher und berufen sich dabei auf die Bibel, ihre Tradition oder zumindest ihre Erfahrung. Das alles zusammen gibt ihnen das Recht, klare und eindeutige Aussagen zu machen. Die Art, wie sie dabei die heiligen Schriften auslegen und interpretieren, scheint ihnen ebenso eindeutig und richtig zu sein wie der Umgang mit ihren eigenen Traditionen.

Sie vergessen dabei, dass jede Auslegung auch den Einflüssen der jeweiligen Zeit unterliegt, in der sie entsteht, und dass auch Traditionen einem Wandel unterliegen. Sich dies bewusst zu machen, öffnet nicht der Beliebigkeit Tür und Tor, vielmehr stellt es den eigenen Umgang mit Glaubensüberzeugungen unter ein bestimmtes Vorzeichen. Zu wissen, dass Überzeugungen bei aller Ernsthaftigkeit relativ sind, ist tröstlich und entlastend.

Jede Auslegung der Heiligen Schrift unterliegt auch den Einflüssen der Zeit, in der sie entsteht.

Denn Gott selbst ist immer wieder „der ganz Andere", der sich den Menschen immer wieder neu und anders zu verstehen gibt. Gott ist keine Kategorie, die man greifen, einsortieren, ordnen und abheften kann wie eine Gebrauchsanweisung für das Leben. Christen glauben, dass sich Gott in der Heiligen Schrift, der Bibel, offenbart hat. Diese Überzeugung eint die Christenheit seit 2000 Jahren – und trennt sie zugleich. Denn wie die Schrift und das, was sie über Gott aussagt, zu verstehen ist, ist keineswegs absolut eindeutig und allgemein anerkannt.

Woran mache ich aber dann meine Glaubensaussagen bestenfalls fest?

In erster Linie an der Person Jesus von Nazareth, so wie er in den Evangelien geschildert wird. Er hat vorgelebt, was es bedeutet, offen für Gott zu sein, gerade auch abseits der üblichen Vorstellungen und Auslegungen. Vor allem andern zog er sich oft frühmorgens in die Stille zurück und richtete sich auf seinen Ursprung, auf Gott, aus. Seine Alltagsspiritualität gründete sich in der Stille, im Rückzug. Das ermöglichte ihm zugleich, sich dann mit ganzer Kraft und ganzem Engagement den Menschen zuzuwenden. Und dabei immer wieder verblüffende Wege zu einem Gottesverständnis zu bahnen, das den Menschen in seinem Umfeld fremd war. Das Gesetz Gottes schrieb vor, am Sabbat nicht zu arbeiten. Für Jesus aber stand der Mensch im Mittelpunkt des Interesses Gottes. Und weil das so war, konnte er ohne Bedenken einen Menschen am Sabbat heilen und sich ihm zuwenden. Weil er offen war für Gott und gesehen hat, was Gottes tiefste Absicht mit den Menschen war, denen er begegnete. Gesetze waren richtig, solange sie nicht dem Heil und Wohl der Menschen entgegenstanden. Deshalb heilte er, wann er es für richtig hielt.

Offenheit für Gott im Alltag bedeutet, durchlässig zu werden für sein Reden, hinzuhören in der Stille, sich eine Haltung anzugewöhnen, die Überraschungen zulässt. Sie verlangt die Bereitschaft, Gott nicht in das Kästchen der eigenen Überzeugungen einsperren zu wollen, sondern ihm zu erlauben, mich immer wieder zu verblüffen, mich zu gewinnen, mich zu überraschen. Offenheit gegenüber Gott wird dann zu einer Abenteuerreise mit offenem Ausgang. Nicht zu einem Spaziergang, aber zu einem Weg, der voller Überraschungen ist, ungewohnte Ausblicke gewährt, Umwege einschließt und mich doch an ein gutes Ziel bringt, nämlich zur reifen inneren Entwicklung eines Menschen, der im Angesicht Gottes seinen Glauben lebt.

Diese Einsicht und Offenheit zu gewinnen, dabei haben mir meine vielen afrikanischen Freunde und die Zeit im Ausland geholfen, in der ich lernen durfte, dass der Glaube an Gott in einem anderen kulturellen Zusammenhang anders Gestalt gewinnt als bei uns in Mitteleuropa. Die Art, wie meine afrikanischen Freunde Gott erlebt, verehrt und mit ihm in ihrem Alltag umgegangen sind, war so anders als das, was ich gewohnt war, dass viele eigene Konzepte, wie Glaube zu sein hat, infrage gestellt wurden.

Offenheit für Gott macht nicht beliebig, sondern fokussiert uns auf das, was zentral wichtig ist. Von ihm her sehen wir die Menschen anders, von ihm her lesen wir die Heilige Schrift, und von ihm her gestalten wir unsere Nachfolge im Alltag.

Widerstandsfähig werden

Wenn ich durch unseren nahe gelegenen Wald gehe, staune ich immer wieder über die Vielfalt der Bäume, ihre Größe und unterschiedliche Beschaffenheit. Jedes Jahr gehen Herbststürme ins Land und fegen durch unseren Wald. Dann muss ich etwas pausieren. Und beim nächsten Gang durch den Wald entdecke ich, dass es hier und da Veränderungen gegeben hat. Einzelne Bäume sind umgeknickt und hängen mit ihrer Krone in anderen Bäumen, bis sie irgendwann ganz umstürzen. Andere hat es glatt umgehauen. Das sind die Flachwurzler mit ihrem weiten, runden Wurzelwerk, das aber nicht in die Tiefe gewachsen war. Sie hatten nicht ausreichend Halt, um den Stürmen zu trotzen. Der Wind war irgendwann zu stark und zu heftig, sie hatten nicht genügend Widerstand zu bieten.

Ich liebe meine langen Spaziergänge im Wald und schaue mir gern die alten und verwitterten Bäume an. Denn sie sind ein Bild für das Leben, für seine Vergänglichkeit und für Wahrheiten, die manchmal unbequem sind. Es gibt Bäume, die hundert Jahre alt werden und die kein Sturm umhaut. Sie sind alt und verwittert, der eine oder andere große Ast ist irgendwann abgebrochen. Das Leben ist auch an ihnen nicht spurlos vorbeigegangen. Es hat auch ihnen Wunden geschlagen. Aber sie sind standhaft geblieben, denn sie haben tiefe Wurzeln, die ihnen Halt geben.

Ganz anders die Flachwurzler, die nach relativ kurzer Zeit zu erstaunlicher Größe heranwachsen. Wachsen sie in geeignetem

Untergrund heran, dann gelingt es ihrem Wurzelwerk, sich fest zu verankern, sogar sich in Felsen einzukrallen und so Halt zu finden. Ist der Boden nicht gut, dann finden sie keinen Halt und sind permanent gefährdet. Sie haben keine Widerstandskraft für die Herbststürme, die kommen werden. Flachwurzler sind meist haltlos und deshalb gefährdet. Was für ein Bild für unser Leben als Menschen.

Der Begriff Resilienz ist heute in aller Munde. Er meint nichts anderes als die innere Widerstandsfähigkeit, die der Mensch benötigt, um gesund leben und glauben zu können. Wir können davon ausgehen, dass jeder Mensch Krisen durchlebt und dass Schwierigkeiten und große Herausforderungen auf jeden von uns warten. Man spricht deshalb auch von den „Stürmen des Lebens". Weil das so ist und weil sich das nicht vermeiden lässt, ist es umso wichtiger, dass wir eine innere Widerstandskraft entwickeln, die es uns ermöglicht, in solchen Herausforderungen zu bestehen.

Die Gewissheit, dass alles, was uns widerfährt, zum Weg Gottes mit uns gehört, ist der gesündeste Wurzelgrund für gelingendes geistliches Leben.

Für die Spiritualität bedeutet das, dass wir in eine Haltung hineinwachsen, die uns auch angesichts von Schwierigkeiten eine gesunde Glaubensentwicklung ermöglicht. Spannungen aushalten können, innere Kräfte mobilisieren und zugleich so zu glauben, dass wir die schwierigen Seiten des Lebens nicht zu verdrängen brauchen, das meint Resilienz aus christlicher

Sicht – bewährter, standfester Glaube inmitten von Herausforderungen und Krisen. Im Bild der Natur gesprochen bedeutet das, dass wir nur dann Widerstandsfähigkeit entwickeln können, wenn wir einen guten und gesunden Wurzelgrund für unser Leben gefunden haben. Unser Lebensbaum muss so tief eingewurzelt sein, dass er Halt hat. Dann wird er gesund bleiben und den Stürmen trotzen.

Schauen wir uns diesen Lebensgrund etwas genauer an. Wie sieht er aus? Was bedeutet es, in einen guten, tragfähigen Boden eingepflanzt zu sein?

Wer gesund wachsen möchte, hat tragfähige Antworten auf die Frage nach dem Sinn des Lebens gefunden.

Man kann es nicht oft genug sagen. Ohne eine Antwort auf die Fragen nach dem Woher – Warum – Wohin gibt es keine Widerstandsfähigkeit in den Krisen des Lebens. Spirituelle Menschen haben nicht alle Antworten auf alle Fragen des Lebens, aber sie haben die wesentliche Antwort für sich gefunden. Nämlich die Entdeckung, ein von Gott gewollter, geliebter und beauftragter Mensch zu sein. Jemand, den Gott ins Leben gerufen hat. Jemand, der als glaubender und vertrauender Mensch auf Gott zugeht, wenn das Leben zu Ende geht. Jemand, der über den Schwierigkeiten und Abgründen seines Lebens Frieden gefunden hat und mit sich selbst und Gott versöhnt ist. Wenn dann die Krisen des Lebens kommen und sie sich damit auseinandersetzen müssen, geschieht dies in einem weitaus größeren Horizont als nur den Belangen des eigenen Lebens. Was ihnen widerfährt, hat Sinn, weil es eingebettet ist in Gottes Wege mit ihnen. Diese Gewissheit ist der wohl gesündeste Wurzelgrund für gelingendes geistliches Leben.

Damit sind nicht alle Fragen beantwortet. Ja, vielleicht muss ich mir sogar eingestehen, dass manche Fragen offenbleiben werden. Diese Erkenntnis kann schmerzlich sein. Und dennoch ist auch sie eingebettet in einen übergreifenden Sinn, der über meinem Leben steht. Diese Gewissheit gibt Widerstandskraft und Halt.

Wer gesund wachsen möchte, entwickelt ein gesundes Selbstbewusstsein.

Es gibt eine ungesunde Form der Frömmigkeit, die uns ein schlechtes Gewissen einreden möchte. Ich werde im zweiten Teil des Buches ausführlicher darauf eingehen. Im Wesentlichen ist damit eine defizitäre Sicht auf das eigene Leben verbunden: Ich genüge nicht, ich müsste besser sein, ich erreiche meine Ziele sowieso nicht, ich bin ein unverbesserlicher Sünder. Wer so über sich denkt, kann kein gutes Selbstbewusstsein entwickeln und wird auch in den Krisen des Lebens wenig Widerstandskraft aufbringen können.

Gesunde Spiritualität leugnet die Defizite des eigenen Lebens nicht, weiß sie aber eingebettet in das grundlegende Ja Gottes zum eigenen Leben. Es gibt diese erstaunliche Aussage im Neuen Testament, als Jesus einem jungen Mann begegnet, der sehr reich ist. Er hatte die Gebote Gottes vorbildlich gehalten und sich stets bemüht, ein gottgefälliges Leben zu führen. Aber er hatte sein Herz an seinen Reichtum verloren. Der Reichtum war ihm zum Gott geworden. Und dennoch lesen wir am Ende dieser Begegnung: „Und Jesus sah ihn an und liebte ihn" (Markus 10,21).

Ein gesundes Selbstbewusstsein speist sich aus der Zusage, ein geliebter Mensch zu sein. Diese Liebe Gottes zu jedem

Menschen ist grundsätzlich da, und sie ist bedingungslos. Natürlich hat sie Folgen. Und der Fortgang der Geschichte zeigt, dass sich der reiche junge Mann letztendlich von Jesus abwendet, denn er möchte zwei Herren dienen. Aber das hindert Jesus nicht daran, ihn trotzdem zu lieben.

Sich geliebt und bejaht zu wissen, stärkt das Vertrauen in die eigene Person und in die eigene Resilienz. Wenn Gott mir vertraut, wie sollte ich mir dann selbst nicht vertrauen und mir nichts zutrauen? Ein gesundes Selbstvertrauen macht mich zuversichtlich, und Zuversicht ist die Gewissheit, auch aus schwierigen Situationen gestärkt hervorgehen zu können. Die eine oder andere Wunde aus den Kämpfen des Lebens mag zurückbleiben, dennoch kann der Selbstbewusste das besser wegstecken als die Person, die immer wieder an sich zweifelt. Und wer die eigenen Wunden gut versorgt, lernt auch, damit zu leben.

Ich denke, der Unterschied zwischen überhöhtem und gesundem Selbstbewusstsein ist deutlich. Gesund bedeutet: Ich weiß mich gehalten und muss mich nicht selbst überhöhen. Ungesund dagegen heißt: Ich muss mich beweisen, mir durch meine Leistungen und Fähigkeiten mein Lebensrecht erarbeiten. Eine solche Lebenshaltung führt auf Dauer zur Selbstüberforderung.

Geistlich gesunde Menschen können ohne Selbstzweifel über sich sagen, dass sie Dinge gut machen: Ja, ich bin eine gute Mutter. Ich denke schon, dass ich einen guten Job mache. Ich kann das. Und ja, dies oder jenes kann ich nicht so gut, aber das macht nichts, weil ich andere Gaben habe. Unter dem Strich steht kein Minus, sondern ein Plus.

Ein solches Selbstzeugnis, aus ehrlichem Herzen gesprochen, ist ein Ausdruck für ein gesundes Selbstwertgefühl. Worte haben Macht und sind wichtige Werkzeuge, innere Kräfte zu mobilisieren. Und dies führt zu innerer Stärke und Abwehrkraft, zu Resilienz.

Wer gesund wachsen möchte, lebt ausgewogen.
Spirituelle Gesundheit kommt zu einem guten Teil aus einem ausgewogenen Lebensstil. Der gesunde Rhythmus aus Arbeit und Freizeit, Anspannung und Entspannung trägt dazu bei, dass aus einer Herausforderung keine Überforderung wird.

Es gibt natürlich in jedem Leben Phasen größerer Anspannung. Ich kenne aus meinem eigenen Arbeitsleben Zeiten, in denen ich wusste: Da muss ich jetzt einfach durch. Jetzt oder nie. Ich hatte wenig Zeit, um eine wichtige Aufgabe fertigzustellen, und das erforderte ein hohes Maß an Konzentration und Transpiration. Ich habe dann aber irgendwann gespürt, dass ich meinen eigenen Bogen überspannt habe. Die Kräfte ließen nach und damit auch die Konzentration, und Fehler häuften sich. Ich wurde gereizter und bekam die Rückmeldung, ich sei abends zwar körperlich zu Hause, innerlich aber doch ganz woanders. Das war ungesund, und ich habe zunehmend selbst darunter gelitten. Den Ratschlag, den Jesus seinen Jüngern gibt: „Ruht ein wenig aus" (Markus 6,31), hätte ich früher ernst nehmen müssen.

Wir sollen uns um uns selbst kümmern und einen gesunden Lebensstil einüben. Vernachlässigen wir unsere seelischen oder körperlichen Bedürfnisse, dann kommt es leicht zu Fehlverhalten in anderen Bereichen. Die Seele sucht sich dann ein Ventil, um Druck abzubauen. Es kann sein, dass wir dann zu viel essen oder keinen Sport mehr treiben. Der Schlaf wird vernachlässigt, oder wir ziehen uns in unser Schneckenhaus zurück. Jeder und jede hat hier seine eigene Schwachstelle, die dann zutage tritt.

Leben wir dauerhaft nicht mehr ausgewogen, dann sinkt unsere Widerstandsfähigkeit. Dies alles hat auch spirituelle Folgen. Nicht umsonst lautet das Sprichwort: Tue deinem Körper etwas Gutes, damit deine Seele Lust hat, darin zu wohnen.

Ein ausgewogener Lebensstil, in dem ich darauf achte, dass neben gesunder Ernährung und maßvollem Konsum von Alkohol, Tabak und Süßigkeiten genügend Zeit übrig ist, um in der Stille die Kräfte der Seele zu stärken, ist die beste Voraussetzung dafür, dass unser Wohlbefinden steigt und wir den Herausforderungen des Lebens gewachsen sind.

Wer gesund wachsen möchte, braucht Humor.
Zumindest für mein Leben ist Humor von großer Bedeutung. Wer mit widrigen Umständen gut umgehen möchte und eigene Kräfte mobilisieren muss, um die Herausforderungen des Lebens zu bewältigen, braucht Humor. Humor macht gelassen und gibt in schwierigen Lagen die Möglichkeit, Spannung abzubauen. Gerade in Krisenzeiten braucht es eine Portion Humor, um unter Druck nicht zusammenzubrechen oder in Depressionen zu versinken. Der humorvolle Mensch nimmt sich und andere nicht ernster als nötig. Er kann darüber lachen, dass Wunsch und Wirklichkeit im Leben oft auseinanderklaffen. Der humorvolle Mensch erkennt an, dass alles endlich und begrenzt ist. „Dennoch" zu lachen, auch wenn es eigentlich nichts zu lachen gibt, ist deshalb ein Ausdruck trotziger Widerstandskraft.

Der Prophet Elia benutzt in einer dramatischen Auseinandersetzung mit den Baalspropheten seiner Zeit bissig-humorvollen Spott, um seine Rivalen der Lächerlichkeit preiszugeben. „Als es nun Mittag wurde, verspottete sie Elia und sprach: Ruft laut!

Denn er ist ja ein Gott; er ist in Gedanken oder hat zu schaffen oder ist über Land oder schläft vielleicht, dass er aufwache" (1. Könige 18,27).

Humor macht widerstandsfähig. „Dennoch" zu lachen, auch wenn es eigentlich nichts zu lachen gibt, ist ein Ausdruck trotziger Widerstandskraft.

Humorlosigkeit dagegen ist eine Bürde, die das Leben erschwert. In Umberto Ecos Roman *Der Name der Rose* gilt Humor im Kloster *per se* als Sünde. Und Fundamentalisten aller Couleur tun sich oft schwer damit, Dinge auch einmal etwas leichter zu nehmen.

Wer dagegen in seinem Leben Sinn und Halt gefunden hat, wird gelassen. Er gewinnt in gutem Sinne eine gewisse Distanz zu sich und dem Leben. Alles wird etwas leichter, und der Humor hilft dabei, dem Alltag, der oft schwer genug ist, Leichtigkeit und Würze zu geben. Das Sprichwort fasst es bestens zusammen: Mit den zwei Kamelen Humor und Geduld kommen wir durch jede Wüste.

Manche haben die zunächst vielleicht befremdliche Entdeckung gemacht, dass nach einer Beerdigung beim anschließenden Zusammensein häufig gelacht wird. Nach und nach werden Geschichten erzählt, in denen der Humor des Verstorbenen oder eine lustige Begebenheit aus seinem Leben zur Sprache kommen. Es scheint ein urmenschlicher Reflex zu sein, dem Tod und seiner Endgültigkeit ein trotziges „Dennoch" entgegenzuschleudern. Wie kann man das besser tun als mit Humor?

Widerstandsfähigkeit muss man sich in den Stürmen des Lebens erarbeiten, sie fällt uns nicht zu. Und wenn Humor dabei hilft, nicht in jeder Krise in Weltschmerz zu versinken, dann hat er sogar eine tiefe geistliche Bedeutung für das Leben. Frei nach Karl Valentin: „Jedes Ding hat drei Seiten: eine positive, eine negative und eine komische."

Versöhnt leben

Es gibt zahllose Gründe, die gegen Versöhnung sprechen. In unserer Welt geschieht so viel Unrecht, dass man verstehen kann, dass Menschen mit denen, die unschuldigen Menschen schlimmstes Unrecht antun, unbarmherzig sind und sich nach Vergeltung sehnen. Nein, Versöhnung ist keine Selbstverständlichkeit, und sie kann auch nicht im Vorbeigehen, sozusagen nebenher, eingefordert werden. Versöhnung ist in unserer zerbrechlichen Welt eine sehr herausfordernde und bei Weitem nicht selbstverständliche Haltung.

Und doch gibt es Zeitzeugen, die trotz größtem Unrecht, das ihnen widerfahren ist, den Menschen, die sich an ihnen vergangen haben, die Hand der Versöhnung gereicht haben. Man denke nur an Nelson Mandela, der bereit war, trotz schlimmster Erfahrungen mit seinen ehemaligen Peinigern zusammenzuarbeiten. Sie haben gemeinsam die Erfahrung gemacht, dass die Bereitschaft zur Versöhnung ein wichtiger Schritt zur Heilung der eigenen Verletzung war. Sie wussten, nur so wären sie in der Lage, das begangene Unrecht zu bewältigen und sich mit ihrem Lebensweg zu versöhnen. Das galt für die Peiniger ebenso wie für die Gepeinigten.

Beim Thema Versöhnung haben Christen ein Heimspiel. Denn Versöhnung ist *das* Thema des christlichen Glaubens. Geistliches Leben entfaltet sich auf der Grundlage der Botschaft der Versöhnung, und nur versöhnte Spiritualität ist fruchtbar für das eigene Leben und das Leben in der Gesellschaft. Ein unversöhnter Mensch kann keine fruchtbare Spiritualität entwickeln, denn Bitterkeit macht das Herz hart und unempfänglich. Spätestens, wenn sich der Mensch der Stille und dem Gebet aussetzt, wird er damit konfrontiert werden.

In einem Dreischritt möchte ich die Bedeutung von Versöhnung entfalten, wenngleich dies hier nur in Grundzügen möglich ist.

Versöhnung mit Gott

Wer gesund glaubt, wendet sich vertrauensvoll an Gott. Er geht davon aus, dass es möglich und begründet ist, Gott zu vertrauen. Versöhnung ist die zentrale Aussage der Botschaft des Jesus von Nazareth, und die Geschichte Gottes mit der Menschheit findet in der Person Jesu ihren einmaligen Höhepunkt. Deshalb sind Jesus Christus und seine Botschaft der Versöhnung der Dreh- und Angelpunkt unserer Spiritualität. In der Art, wie Jesus den Menschen begegnet ist, die von anderen ausgegrenzt und an den Rand gedrängt wurden, bringt er zum Ausdruck, dass es nichts gibt, was einer Versöhnung zwischen Gott und Mensch im Weg steht, wenn der Mensch sich diese Versöhnung wünscht. Der 1. Johannesbrief drückt das so aus:

„Darin besteht die Liebe: nicht, dass wir Gott geliebt haben, sondern dass er uns geliebt hat und gesandt seinen Sohn zur Versöhnung für unsere Sünden" (1. Johannes 4,10).

Versöhnung kommt von Gott selbst und wird uns geschenkt. Die Folge dieser zugesprochenen Versöhnung ist ein Leben, das sich bedingungslos getragen weiß. Es spielt dabei keine Rolle, ob ich mich gut oder schlecht fühle, ob ich ein moralisch hochanständiger Mensch bin oder Durchschnitt. Das Neue Testament bezeugt sogar, dass Menschen, die weit hinter dem gesellschaftlichen Moralverständnis zurückblieben, bei Jesus einen besonderen Stein im Brett hatten und er sich ihnen in ganz besonderer Weise zuwandte. Ja, er machte tatsächlich keine Unterschiede und bot jedem Menschen Versöhnung an. Damit wird das Angebot zur Versöhnung zu einem Geschenk an uns, das es anzunehmen gilt, damit es in unserem Leben seine Wirkung entfalten kann. Wir sind beschenkte Menschen, und auf dieser Grundlage kann unser geistliches Leben zum Blühen kommen.

Eine der unmittelbaren Folgen aus dieser Versöhnung ist, dass Jesus uns Gott als einen persönlichen Vater vorstellt. Die Beziehung von uns Menschen zu Gott ist also eine familiäre, intime, sehr persönliche Beziehung. Jeder, der in einer intakten Familie lebt, weiß, dass sich ein gesundes Familienleben nur bei gegenseitigem Vertrauen entfalten kann. Ohne Versöhnung ist das nicht denkbar.

So wie Jesus Gott als Abba – eigentlich „Väterchen" – anspricht, so fordert er auch uns auf, ihn als „Vater im Himmel" anzusprechen. Die Auswirkungen, die dies auf unser geistliches Leben hat, kann man gar nicht hoch genug einschätzen. Einhundertsiebzig Mal wird Gott in den Evangelien als Vater bezeichnet. Das Vatersein Gottes ist keine Eigenschaft neben anderen, sondern die alles bestimmende Mitte. Dazu kommt, dass das aramäische Wort „Abba" eine Zärtlichkeitsform des Wortes Vater ist. Kinder reden so mit ihrem Vater, weil sie mit ihm vertraut sind. Dass Christen gelegentlich vom lieben Gott reden, hat hier seine Wurzel. Es ist Ausdruck intimer Nähe und

Vertrautheit. Das gibt es in dieser Form in anderen Religionen nicht.

Die intime, versöhnte Beziehung des Menschen zu Gott findet also im Vaterbegriff ihren Höhepunkt. Diese Anrede beinhaltet die Gewissheit, dass Gott und Mensch zusammengehören. Wer zu Gott Papa sagt, drückt damit aus, wo er zu Hause ist.

Ein solches Verständnis kann nur im Rahmen einer versöhnten Beziehung wachsen und gedeihen. Menschen, die mit Gott versöhnt leben, wenden sich deshalb vertrauensvoll und erwartungsvoll an Gott. Er ist ihr guter Vater und wird es auch bleiben.

An dieser Stelle muss dennoch ein Einwand zur Sprache kommen. Ich denke hierbei zurück an meine Zeit als junger Lehrer. Ich hatte versucht, jenes Vaterbild den Kindern nahezubringen, als ein Junge mir deutlich machte, dass er mit diesem Gott nichts zu tun haben wolle. „Mein Vater kümmert sich nicht um uns. Er trinkt zu viel Alkohol und schlägt die Mama. Wenn Gott so ist, dann brauche ich ihn nicht."

In der Tat kann es problematisch sein, wenn wir menschliche Bilder wie das des Vaters eins zu eins auf Gott übertragen. Der Vaterbegriff ist interpretationsbedürftig. Denn wir haben alle Erfahrungen mit unseren Vätern gemacht, die zumindest eine Mischung aus guten und weniger guten Erfahrungen waren, im schlimmsten Fall waren sie, wie im oben genannten Beispiel, gänzlich negativ. Damit dennoch ein positives Gottesbild entstehen kann, braucht es deshalb auch die Versöhnung mit dem eigenen Vater und damit mit der eigenen Lebensgeschichte.

Versöhnung mit Gott zu erleben, bildet die Grundlage christlicher Spiritualität. Es sind nicht die geistlichen Übungen, es sind nicht die Gottesdienste oder die Anzahl der gesprochenen Gebete, die lebendige Spiritualität auszeichnen. Geistliches Leben ist versöhntes Leben in der Nähe des guten Papas, der unser aller Ursprung und Ziel ist. Von ihm kommen wir, und auf ihn leben wir zu. Weil das so ist, können wir uns auch der Versöhnung mit uns selbst und der Versöhnung mit unserem Leben zuwenden.

Versöhnung mit mir selbst

Es ist nicht selbstverständlich und geschieht nicht von allein, dass ich auch als spiritueller Mensch mit mir und meiner Lebensgeschichte versöhnt lebe. Manche von uns haben eine lange Lebensgeschichte hinter sich, und nahezu jeder und jede hat eine Mischung aus positiven und negativen Erfahrungen gemacht. Das Leben prägt uns, und in unseren Gesichtern kann man die Spuren davon ablesen.

Manchen Menschen wurde ein schweres Schicksal aufgebürdet. Viele kennen dies aus den Erzählungen der Nachkriegsgeneration: im Krieg aufgewachsen, die Bombennächte noch in guter Erinnerung, dann der Mangel der Nachkriegsjahre, der Wiederaufbau und die Entbehrungen. Ein hartes Leben. Und doch schieden und scheiden sich bis heute an solchen Schicksalen immer wieder die Geister. Die einen haben ihren Frieden mit diesem Weg gemacht, haben das Leben angepackt und die Dinge genommen, wie sie eben waren. „Das Leben ist kein Lutscher, aber auch kein Mund voller Reißnägel", sagt man in meiner Heimat. Pragmatisch haben sie Ja gesagt zur Realität und ihren Weg gefunden. Im Rückblick hört man sie sagen: Es war nicht einfach, aber wir haben es dennoch gut gehabt. Es hätte schlimmer kommen können.

Andere sind über ganz ähnlichen Erfahrungen hart und bitter geworden. Sie haben sich verschlossen und hegen bis ins Alter einen undefinierten Groll auf alles und jedes. Oft können sie nicht sagen, warum sie so sind. Gelegentlich platzt es aus ihnen heraus. Glücklich und gelassen sind sie nicht geworden, und es ist oft sehr traurig anzusehen, wie sie sich und anderen das Leben schwer machen. Nicht umsonst spricht man heute von sogenannten „Post-Konfliktgesellschaften". Das sind Gesellschaften, die Kriege oder schwere Verwerfungen durchlitten und tief verletzte, traumatisierte und oft auch gespaltene Persönlichkeiten zurückgelassen haben. Wunden, die nicht verheilen konnten, können jederzeit wieder aufbrechen. Deshalb ist Aufarbeitung hin zu einer Versöhnung wichtig. Und die fängt immer beim Einzelnen an, bis sie sich dann auch auf andere ausweiten kann.

Versöhnung mit der eigenen Lebensgeschichte ist ein sehr wichtiger Prozess, der nie von heute auf morgen abgeschlossen ist. Aber er setzt einen Entschluss voraus, nämlich die Bereitschaft, den je eigenen Weg anzunehmen und als Auftrag des Lebens an mich zu sehen. Das heißt, ich muss mich meinem Leben, meiner Geschichte, meinem So-Sein stellen und mich auf den Weg einer inneren Versöhnung machen. Dabei ist es ausschlaggebend, dass ich mein Leben so annehme, wie es ist. „Ja zum Leben sagen" – das ist der wichtigste Entschluss zu einem versöhnten Leben. Nur so kommt es dazu, dass die inneren Kämpfe, Schuldzuweisungen und Abwehrhaltungen bearbeitet und im besten Fall überwunden werden können und Versöhnung geschehen kann.

Niemand, der diesen Weg geht, wird ihn als Spaziergang erleben. Denn auf diesem Weg entdeckt man, was alles tatsächlich nicht gut war. Menschen haben mich verletzt und enttäuscht, ich bin hinter eigenen Erwartungen zurückgeblieben, ich habe selbst schwere Fehler begangen. Und in der Tat habe ich vielleicht auch festgestellt, dass meine Lebensumstände wirklich viel schwerer waren als die anderer Menschen. Wer sich dennoch zu einer Haltung der Versöhnung durcharbeitet, und dies kann schwerste Arbeit an sich selbst bedeuteten, wird die beglückende Erfahrung der Versöhnung mit der eigenen Lebensgeschichte machen. Sie ist jedem Menschen zu wünschen. Etwas Besseres als Versöhnung gibt es nicht.

Versöhnung mit der eigenen Lebensgeschichte setzt die Bereitschaft voraus, den eigenen Weg anzunehmen und als Auftrag des Lebens an mich zu verstehen.

Unabdingbar dazu gehört aber der Nächste. Es gibt keine Versöhnung mit Gott und mit mir selbst, die den Nächsten, also meinen Mitmenschen, außen vor lässt.

Versöhnung mit meinem Nächsten

In einer Welt, in der viele unversöhnliche Menschen miteinander zurechtkommen müssen, versöhnt zu leben, ist eine große spirituelle Aufgabe, ja eine Menschheitsaufgabe. Manchmal scheint sie unlösbar. Ein erster Schritt, damit anzufangen, ist es, die Versöhnung mit meinem Nächsten einzuüben. Vielleicht hilft dabei zunächst eine Unterscheidung.

Versöhnung und Vergebung sind nicht dasselbe. Wer einem anderen Menschen vergibt, kann mit gutem Recht sagen, dass er sich dennoch von dieser Person zukünftig fernhalten möchte, weil es ihm z. B. nicht guttut, ihr ständig zu begegnen. Der Konflikt mag ausgestanden sein, das Problem beseitigt, und man trägt nichts nach, dennoch ist es vielleicht hilfreich, eine gewisse Distanz zu wahren.

Versöhnung geht einen Schritt weiter. Wer mit seinen Mitmenschen versöhnt lebt, der hat bereits verziehen oder um Verzeihung gebeten, möchte aber zugleich die Beziehung fortsetzen. Wer versöhnt lebt, hat einen Konflikt also auf- und verarbeitet und ist zu dem Schluss gekommen, dass die Beziehung nun weitergelebt werden kann. Nichts steht ihr mehr im Weg. Damit dies auch tatsächlich gelingt, braucht es mehrere Schritte, ohne die die Versöhnung oberflächlich zu werden droht, zu einem Scheinfrieden oder zu oberflächlicher Freundlichkeit, die nicht mit dem Leben abgedeckt ist.

Zunächst einmal muss ich in mich hineinhorchen und meinen Emotionen nachspüren. Sind sie wirklich zur Ruhe gekommen? Vielleicht kennen Sie das: Man denkt nach einem Konflikt an die eine schwierige Person, und sofort kommen die negativen Gefühle wieder an die Oberfläche. Dies ist ein Zeichen dafür, dass ich noch nicht versöhnt bin.

Als spiritueller Mensch kann ich hinhören, was nun angebracht wäre. Ein Gebet – oder viele Gebete über eine längere Zeit, in denen ich den Konflikt an Gott abgebe und um Heilung der Beziehung bitte? Ein nochmaliges klärendes Gespräch, wenn das möglich ist? Eine gewisse Zeit verstreichen lassen, um dann zu sehen, wie es mir dann geht? Denn Zeit heilt tatsächlich Wunden. Es kann auch sein, dass ich mich selbst für etwas, was ich als falsch erkannt habe, entschuldigen muss, bevor ich Versöhnung erleben kann. Welcher Weg auch immer zu gehen ist, ausschlaggebend ist, Sorgfalt in dem Prozess walten zu lassen, damit die Versöhnung in meinem Leben nachhaltig ist.

Es gibt allerdings auch Situationen, wo eine Versöhnung nicht möglich ist. Wenn ein Mensch nicht dazu bereit oder wenn der Konfliktpartner bereits verstorben ist. Dann heißt es, sich auch damit auszusöhnen. Unser Leben ist in vielem bruchstückhaft, und oft gelingt es nicht so, wie es wünschenswert wäre. Verabschieden wir uns von unseren Idealbildern. Allein wichtig wäre dann, ein Ja dazu zu finden, dass man die Versöhnung gerne gesucht hätte, sie aber nicht mehr möglich war.

Versöhnung zu suchen und zu finden,
ist eine Lebensaufgabe, die nie erledigt ist.

Der Apostel Paulus fasst die Aufforderung zur Vergebung und Versöhnung sehr schön zusammen und stellt sie in den weiten Horizont der Versöhnung mit Gott: „Seid aber untereinander freundlich und herzlich und vergebt einer dem andern, wie auch Gott euch vergeben hat in Christus“ (Epheser 4,32).

Menschen, die untereinander zu dieser Freundlichkeit und Herzlichkeit gefunden haben, sind versöhnt, anders wäre das nicht denkbar. Der geistliche Mensch wird zu dieser Haltung ermutigt, weil auch er unverdienterweise Vergebung und Versöhnung erfahren hat.

Versöhnung suchen und finden, das ist eine Lebensaufgabe, die nie erledigt ist. Sie ist uns mitgegeben, weil wir in einer gebrochenen Welt leben, die von Unversöhnlichkeit, Versagen und Schuld gezeichnet ist. Sie ist auch ein kostbares Geschenk, denn wenn Versöhnung gelingt, dann atmen wir auf. Beziehungen werden neu und tragfähig. Der Glaube stärkt uns in unserem Bemühen den Rücken, denn die Versöhnung ist der Urgrund christlichen Lebens.

Liebe üben

Über kaum ein Thema wurde so viel geschrieben, gedichtet und gespielt wie über die Liebe. Sie ist ein unerschöpfliches Thema. Die Liebe spielt auch im Glauben die zentrale Rolle. Am besten nähert man sich ihr mit einer wahren Geschichte.

Es war im Sommer 1942, als der polnische Arzt Janusz Korczak starb. Er war nicht nur Kinderarzt und Buchautor, sondern auch ein bekannter Pädagoge. In seinem jüdischen Waisenhaus hatte er sich für alleingelassene und verwahrloste Kinder hingebungsvoll eingesetzt.

Als sich die Schlinge der Nazis in Polen immer enger um die jüdische Bevölkerung zog, blieb Korczak bei seinen Kindern. Der Tag kam, als die etwa 200 Kinder des Waisenhauses in das Vernichtungslager Treblinka gebracht werden sollten. Für ihn war es keine Frage, dass er die Kinder begleiten würde. Er wusste, was das für ihn bedeutete. Er wollte seine Kinder nicht im Stich lassen. Damit aber nicht genug. Er ahnte, dass dieser Gang bei den Kindern Angst und Panik auslösen würde. So ordnete er vor der Deportation an, dass sich die Kinder festlich anziehen sollen. Fein rausgeputzt und in fröhlicher Stimmung stellten sie sich paarweise auf dem Hof auf. Diejenigen, die ein Instrument spielen konnten, hatten es dabei, und ein Junge führte den Kinderzug mit seiner Geige an. Paarweise gingen sie mit ihrem Begleiter Janusz Korczak, angeführt von einem SS-Schergen, ins Lager. Es war ein feierlicher Zug, und es wurde Musik gespielt.

Die Kinder, so berichtete ein Beobachter später, sangen strahlend und stolz, und Korczak hatte zwei kleine Kinder auf dem Arm und lächelte. Er muss ihnen etwas von einem Ausflug erzählt haben, um sie zu beruhigen. Bestimmt hat er an dieser Botschaft noch in den Gaskammern bis zuletzt festgehalten, um den Kindern möglichst viel Schrecken und Angst zu ersparen.

In seinem Buch *Wie man ein Kind lieben soll* schreibt Korczak: „Ich existiere nicht, um geliebt und bewundert zu werden, sondern um zu lieben und zu handeln. Es ist nicht die Pflicht der Menschen um mich herum, mich zu lieben. Vielmehr ist es meine Pflicht, mich um die Welt, um den Menschen zu kümmern."

Liebe wird philosophisch und theologisch erklärt, und sie hat ihren festen Platz in der Ethik. Das ist natürlich richtig. Gleichwohl helfen uns Geschichten aus dem Leben besser, die Liebe zu verstehen und sie zu deuten. Liebe muss man sichtbar und erfahrbar machen, als theoretisches Konzept nützt sie uns letztlich nicht. Was macht das Handeln von Korczak so einmalig, und was hat das mit Liebe zu tun?

Liebe hat immer den im Blick, den man liebt.

Liebe hat den im Blick, der geliebt wird. Janusz Korczak liebte seine Arbeit mit Kindern und gab dafür seine Karriere als Arzt auf. Er liebte seine Kinder zutiefst, und das war sein Antrieb und seine Motivation für den Dienst an den Kindern. Er arbeitete nicht nur für sie, indem er für Unterkunft und Nahrung sorgte, sondern entwickelte auch eine eigene Pädagogik. Schon früh machte er deutlich, dass Kinder eigene Rechte haben und sie einfordern können. Das war in damaliger Zeit sehr fortschrittlich. Jedes Kind in seinem Kinderheim hatte Rechte und Pflichten, sie konnten untereinander Konflikte selbst schlichten und „Recht sprechen" und für Gerechtigkeit sorgen. Die Kinder gaben eine eigene kleine Publikation heraus. Mit ganzer Hingabe und dem Blick auf das Wohl des Kindes lebte Korczak für sie und ihr Wohlergehen.

Liebe stellt sich selbst zurück und ist für den anderen da. Korczak war bereit, sich aus Liebe zu den Kindern schützend vor sie zu stellen und gleichzeitig sich selbst zurückzunehmen. Er wusste, nur so konnte er ihr Leid mindern. Diese schützende Liebe bedeutete für ihn, dass er mit ihnen den Weg ins KZ und in die Gaskammern ging, um ihnen den letzten Weg so erträglich wie möglich zu machen. Wir können sicher sein, dass sich die Kinder bis zum Schluss an ihn klammerten und von ihm auch beruhigen ließen. Denn Liebe vertraut.

Damit eng verbunden ist seine Hingabe. Liebe hat immer auch mit Hingabe zu tun. Indem ich den anderen liebe, lasse ich Eigenes los, stelle eigene Interessen immer wieder zurück zugunsten eines gemeinsamen größeren Ziels oder einer wichtigen Aufgabe. Die Hingabe Korczaks an seine Kinder ist beinahe unfassbar und lässt mich unwillkürlich fragen, ob ich selbst zu einem solchen Schritt bereit wäre, wenn ich mich dazu entscheiden müsste. Korczaks Liebe jedenfalls scheute nicht die Folgen, und das ist immer so, wenn man wirklich liebt. Liebe betrifft die ganze Existenz und hat Folgen. Wer nur bei sich bleiben möchte, liebt nicht, nicht einmal sich selbst. Deshalb stehen Liebe, Hingabe und Opfer auch in einem engen Zusammenhang. Wir mögen das heute nicht gerne hören, denn wir leben in einer Zeit der Selbstbestimmung, der Selbstentfaltung und ungeahnten

Freiheit. Opfer gehören eher nicht in das Bild von gelingendem Leben eines Menschen zu Beginn des 21. Jahrhunderts.

Für spirituelle Menschen lohnt es sich, in diesem Zusammenhang einmal zurückzugehen an die Ursprünge des christlichen Glaubens. Der Apostel Paulus, der erste Theologe der Christenheit, hat im 1. Brief an die Korinther ein Lied auf die Liebe gesunden, das bis heute unübertroffen ist. Es finden sich auch alle Aspekte der Liebe wieder, die ich im Leben von Janusz Korczak entdeckt habe. Paulus schreibt:

> Wenn ich in den unterschiedlichsten Sprachen der Welt, ja, sogar in der Sprache der Engel reden kann, aber ich habe keine Liebe, so bin ich nur wie ein dröhnender Gong oder ein lärmendes Becken.
> Wenn ich in Gottes Auftrag prophetisch reden kann, alle Geheimnisse Gottes weiß, seine Gedanken erkennen kann und einen Glauben habe, der Berge versetzt, aber ich habe keine Liebe, so bin ich nichts.
> Selbst wenn ich all meinen Besitz an die Armen verschenke und für meinen Glauben das Leben opfere, aber ich habe keine Liebe, dann nützt es mir gar nichts.
> Liebe ist geduldig und freundlich. Sie ist nicht verbissen, sie prahlt nicht und schaut nicht auf andere herab.
> Liebe verletzt nicht den Anstand und sucht nicht den eigenen Vorteil, sie lässt sich nicht reizen und ist nicht nachtragend.
> Sie freut sich nicht am Unrecht, sondern freut sich, wenn die Wahrheit siegt.
> Liebe nimmt alles auf sich, sie verliert nie den Glauben oder die Hoffnung und hält durch bis zum Ende.

Die Liebe wird niemals vergehen. Einmal wird es keine Prophetien mehr geben, das Reden in unbekannten Sprachen wird aufhören, und auch die Gabe, Gottes Gedanken zu erkennen, wird nicht mehr nötig sein.
Denn diese Erkenntnis ist bruchstückhaft, ebenso wie unser prophetisches Reden.
Wenn aber das Vollkommene da ist, wird alles Vorläufige vergangen sein.
Als Kind redete, dachte und urteilte ich wie ein Kind. Doch als Erwachsener habe ich das kindliche Wesen abgelegt.
Jetzt sehen wir nur ein undeutliches Bild wie in einem trüben Spiegel. Einmal aber werden wir Gott von Angesicht zu Angesicht sehen. Jetzt erkenne ich nur Bruchstücke, doch einmal werde ich alles klar erkennen, so deutlich, wie Gott mich jetzt schon kennt.
Was bleibt, sind Glaube, Hoffnung und Liebe. Von diesen dreien aber ist die Liebe das Größte.
(1. Korinther 13,1–13 nach der Übersetzung „Hoffnung für alle")

Der Apostel Paulus sagt im ersten Teil dieses Liedes: Ohne die Liebe ist alles nichts, hat nichts eine Bedeutung und einen Wert. Die Liebe ist der unbedingte und ausnahmslose Maßstab für unser gesamtes Leben und Handeln. An der Liebe müssen wir uns messen lassen; auch jeder sichtbare Erfolg, den wir haben, muss sich an der Liebe messen lassen. Entscheidend ist nicht das Bild, das wir gerne von uns zeichnen. Auch unser vorzeigbares Handeln ist nicht der Maßstab. Liebe handelt gerne im

Verborgenen, sie ist nicht berechnend und sucht nicht die Bühne. Liebe liebt das Inkognito.

Im Weiteren zeigt der Apostel Paulus mit eindrücklichen Beispielen aus dem Gemeindealltag damals auf, dass das Zusammenwirken nur gelingt, wenn es von Liebe getragen ist. Alle Gaben können nur dann zum Guten dienen, wenn sie aus der Liebe heraus geübt werden.

Wir kennen das sicher auch: Wir zielen auf Wirkung, wir wollen etwas sein und etwas darstellen. Wir wollen mit unseren Gaben glänzen und sie so einbringen, dass andere staunen und beeindruckt sind. Ich kenne kaum Menschen, denen Anerkennung nicht guttut, und ich weiß um viele, die danach lechzen. Als jemand, der mit anderen öfters auf einer Bühne steht, weiß ich aus eigener Erfahrung, was ein solcher Auftritt mit mir macht. Es kann berauschend wirken, wenn man das Scheinwerferlicht liebt, und für etliche ist die Anerkennung auf der Bühne das Benzin im Motor, der mein Selbstbild aufplustert.

Der unbedingte und ausnahmslose Maßstab für unser gesamtes Leben und Handeln ist Liebe.

Die Haltung der Liebe ist eine andere. Die Liebe sucht nicht das Eigene, sondern schaut auf den Nächsten, auf den Schwachen, und motiviert dazu, nicht vor allem auf sich selbst zu schauen.

Am Ende stellt Paulus fest, dass alles auf dieser Welt einmal zu einem Ende kommen wird. Unser Leben ist bruchstückhaft und vergänglich. Wir können nichts festhalten und nichts mitnehmen. Aber die Liebe bleibt und überdauert alles andere.

Alles, was wir in Liebe gesät haben, bleibt und hat einen andauernden Wert für die Menschen, die diese Liebe erfahren haben.

Es ist ein Kennzeichen gesunder Spiritualität, wenn wir uns in unserem Denken, Fühlen und Handeln immer wieder daran erinnern, dass die Liebe der Maßstab für alles im Leben ist. Ich kann sehr viel Wissen ansammeln, wenn ich es für mich behalte, in mir einsperre und nur zu meinem eigenen Nutzen einsetze, dann lebt die Liebe nicht darin. Wenn wir unseren Gefühlen freien Lauf lassen, sie in unseren Beziehungen unkontrolliert ausleben und Menschen dadurch verletzen, dann sind sie nicht von Liebe durchdrungen. Und wenn unser Handeln dem Maßstab des eigenen Vorteils dient und nicht den Nächsten im Blick hat, dann handeln wir letztlich egoistisch.

Die Liebe ist eine Grundhaltung hinter allem, was mich antreiben und bewegen soll. Reife Spiritualität orientiert sich an dieser Liebe und hat genug damit zu tun, die genannten Eigenschaften in die kleine Münze umzusetzen, mit der man im Alltag bezahlt.

Natürlich wissen wir, dass wir hinter diesem Anspruch oft zurückbleiben. Wir sind fehlbare Menschen, wir sind oft nicht von Liebe durchdrungen. Das nüchtern anzuerkennen ist eine große Leistung. Wir sind eben nicht so, wie wir uns gerne sehen. Festzustellen, dass ich in meinem eigenen Leben hinter diesen Ansprüchen der Liebe zurückbleibe, ist ein Reifeschritt: Ich bin nicht der, der ich sein könnte. Das ist so. Aber diese Erkenntnis ist der erste Schritt in eine gute Richtung, und auf dem Weg kann ich ein Lernender werden. Ich „kann" nicht lieben, aber ich kann es lernen, zu lieben. Ich „kann" nicht geduldig sein, aber die Liebe treibt mich dazu, es einzuüben.

Hinter der Abfassung dieses Textes an die Gemeinde in Korinth stand sicher auch das Motiv, die Menschen an die Liebe und ihre Bedeutung für das Zusammenleben zu erinnern, weil die Liebe offensichtlich nicht das Leitmotiv in der Gemeinde war. Reife Spiritualität erkennt an, dass wir auf dem Weg sind und lernen, wachsen und uns immer mehr in das Bild verwandeln, das Gott von uns Menschen hat. Und das ist ein Zukunftsbild, in dem wir der Liebe den Raum geben, der ihr gebührt.

Ich „kann" nicht lieben,
aber ich kann es lernen, zu lieben.

Dem Kirchenvater Augustin wird ein kühnes Zitat zugeschrieben: „Liebe und dann tue, was du willst!" Damit möchte er sagen, dass wir tun und lassen können, was immer wir wollen, wenn es von Liebe durchdrungen ist. Die Liebe wird uns erinnern, wenn wir falsch handeln oder wenn wir nicht handeln, wo wir handeln sollten. In dieser Freiheit können wir unser Leben gestalten und vertrauen, dass wir in guten, liebenden Händen geborgen sind. Denn Gott selbst ist die Liebe schlechthin. Er *hat* nicht nur Liebe, er *ist* Liebe. Diese Liebe ist absolut und bedingungslos, und in dieser Liebe wendet er sich uns Menschen bedingungslos zu.

Eine Übung für den Alltag

Wenn wir mit einem wachen Blick durch unser Leben gehen, dann können wir diese Liebe in allem entdecken, was uns an Gutem, Wahrem und Schönem begegnet.

Dies ist eine Übung für unseren Alltag wert. Nehmen wir uns einmal Zeit und gehen wir bewusst durch unseren Alltag, indem wir gezielt Ausschau halten nach den Spuren der Liebe.

Da sind der freundliche Gruß des Nachbarn und das Lachen eines Kindes, die überbordende Farbenpracht in einem Blumengeschäft und der sternenübersäte Nachthimmel. In der gut überstandenen Krankheit und in einer geheilten Beziehung nach einer Aussprache entdecken wir Liebe ebenso wie in einem Brief eines Freundes, von Hand geschrieben.

All die genannten Dinge kann man auch anders erklären: mit der Naturwissenschaft, mit Glück oder mit Zufall. Oder mit der cleveren Geschäftsidee der Blumenhändlerin. Selbst die sexuelle Liebe ist zunächst ein biologischer Akt. Aber ein solch „nüchterner" Blick wird der Wirklichkeit unseres Lebens nicht gerecht. Es ist auch nicht der Blick des Glaubens. Glaubende und liebende Menschen erkennen in dem, was ihnen an Gutem begegnet, eine ganz andere, oft verborgene Macht, die in allem wirkt, was lebt. Glaubende erkennen auf dem Grund der Wirklichkeit Gottes Liebe, Schönheit und Fürsorge. Und deshalb haben spirituelle Menschen sozusagen eine doppelte Schau auf das Leben. Sie haben sozusagen den „Durch"-Blick, der hinter dem Vordergründigen und Offensichtlichen noch eine andere Wirklichkeit entdeckt, die sich darin verbirgt. Diese Perspektive ist weit entfernt davon, den Anspruch zu haben, alle Dinge „richtig" zu sehen, aber sie ist in allem auf der Suche nach einem

Leben, das von Liebe durchdrungen ist. Dieses Leben wird gütiger und sanfter, je länger es sich der Liebe Gottes aussetzt. Es ist ein geprägtes Leben, in dem ein Mensch gelernt hat, das wertzuschätzen und zu achten, was ewige Bedeutung hat. Und das ist nur die Liebe.

Nun bleibt noch die Frage, was wir Menschen Gott gegenüber tun können, wo wir so beschenkt sind. Es bleibt am Ende nur die Dankbarkeit. Aus Dankbarkeit für ein gutes Miteinander schenke ich meiner Frau Blumen, eine Einladung zu einem guten Essen oder ich tue etwas für sie, worüber sie sich freut. Dankbarkeit beschenkt, weil sich darin Liebe ausdrückt. Gesunde menschliche Beziehungen sind geprägt von gegenseitiger Dankbarkeit und vom gegenseitigen Schenken und Beschenktwerden.

Der Blick des Glaubens erkennt in allem,
was uns begegnet, eine andere, oft verborgene Macht,
die in allem wirkt, was lebt.

Die dankbare Antwort Gott gegenüber für das Geschenk des Lebens, des Reichtums der Schöpfung und der empfangenen Liebe sind das Lob, das Gebet oder die Freude an Gott. Wie auch immer wir das ausdrücken mögen, Dankbarkeit findet ihren Weg und sucht Formen, die angemessen sind. Spirituelle Menschen danken Gott für die empfangenen Gaben, weil sie wissen, dass sie das alles nicht selbst erarbeitet haben, sondern dass es ein Geschenk ist. Und weil sie sich bei Gott gut aufgehoben fühlen, danken sie ihm. Er ist der Geber der Liebe und der Geber der

Gaben, und unsere Dankbarkeit ist die kleine, aber angemessene Antwort auf das Geschenk unseres Lebens. Glaube, der gesund und lebensfördernd ist, bewahrt sich die Dankbarkeit in einem Leben, das durch viele Höhen und Tiefen geprägt ist und in dem nicht jede Frage eine Antwort findet. So wird Glaube nicht zu einer schwärmerischen Weltflucht und muss auch die (manchmal harte) Wirklichkeit nicht verdrängen.

Janusz Korczak war ein Liebender. Einer, der sich für seine Kinder hingegeben hat, um ihnen das zu geben, was ihnen von anderen genommen wurde: bedingungslose Liebe, die auch in größter Not Bestand hat.

Für Gerechtigkeit einstehen

Christliche Spiritualität, wie ich sie bisher aufzuzeigen versucht habe, betrifft radikal das eigene Leben, die Haltung zu Gott, zu mir selbst und zu meinen Mitmenschen. Sie ermöglicht es, innere Kräfte auszubilden, die uns helfen, ein sinnerfülltes und auf ein verlässliches Fundament gegründetes Leben zu führen. Es ist ein ausgewogenes Leben, das in sich ruht und der Stille nicht mehr ausweicht, denn in der Stille lässt sich Gott finden. Hier begegnet er uns – hier begegnen wir aber auch uns selbst. Ich bin davon überzeugt, dass wir in unserer herausfordernden Zeit gut daran tun, uns mit uns selbst auseinanderzusetzen, die eigene Realität wahrzunehmen und diese Herausforderung anzunehmen. In der Stille auch sich selbst zu begegnen ist keine Weltflucht, vielmehr ist es die Grundlage für ein Leben, das krisenfest und fruchtbar ist und sich daher dem Nächsten und besonders den Menschen in Not zuzuwenden vermag.

Spirituelles Leben ist demnach kein Rückzug in reine Innerlichkeit, vielmehr führt es zu einer größeren Wachheit und Klarheit über die Probleme der Welt. Deshalb werfen wir zum Abschluss des ersten Teils noch einen Blick auf ein Thema, das zunächst in diesem Zusammenhang ungewöhnlich erscheinen mag. Was hat Gerechtigkeit mit Spiritualität zu tun? Geht es da nicht vielmehr um soziale Missstände, um das Handeln für andere, um die Sorge um ein Leben in Würde?

„Wer in Gott eintaucht, taucht bei den Armen wieder auf." Wenn dieses Zitat des früheren französischen Bischofs Jacques Gaillot stimmt, dann ist die Gottesbeziehung sehr eng mit der Beziehung zu Menschen in Armut und Not verknüpft. Und das sind Menschen, die oft aufgrund von ungerechten Verhältnissen, von Umständen, in die sie hineingeboren wurden, Benachteiligung und Leid erfahren. Wenn wir in die biblischen Bücher schauen, besonders die der Propheten des Alten Testaments, dann entdecken wir einen interessanten Zusammenhang, der unser Zitat bestätigt. Immer wieder rufen diese Propheten, etwa Micha oder Amos, dringlich dazu auf, dass die Menschen ihre Gottesbeziehung in Ordnung bringen sollen, bevor sie in den Tempel zum Gottesdienst gehen. Wie aber sieht das aus? Sie sollen seine Gebote einhalten und für Gerechtigkeit sorgen.

Spirituelles Leben ist kein Rückzug in reine Innerlichkeit,
vielmehr führt es zu einer größeren Wachheit
für die Probleme der Welt.

„Es ist dir gesagt, Mensch, was gut ist und was der Herr von dir fordert: nichts als Gottes Wort halten und Liebe üben und demütig sein vor deinem Gott" (Micha 6,8).

Nach alttestamentlichem Verständnis drückt sich die Gottesbeziehung der Gläubigen darin aus, dass sie seine Gebote halten. Das Halten der Gebote ist für den gläubigen Juden keine mühsame und harte Pflicht, sondern ein Ausdruck von Dankbarkeit und Freude. Der jüdische Mensch versteht sich als von

Gott beschenkt: Er ist in einen Bund hineingenommen und steht in einer lebendigen Beziehung zu dem Gott, der Israel in diesem Bund seine Treue zugesagt hat. Die Gebote sind beglückend, sie bedeuten aus jüdischer Sicht Freiheit zu einem Leben, wie Gott es sich für den Menschen wünscht.

Die Propheten machten aber deutlich, dass dieses Leben nach Gottes Geboten in der damaligen Realität nicht mehr erkennbar war. Es gab Willkür, Menschen wurden für ein Paar Schuhe in die Sklaverei verkauft, Armen geschah Unrecht, und die Reichen wurden immer reicher. Armen wurden ihre Grundstücke geraubt und sie selbst zu Tode gebracht, wenn sie dagegen aufbegehrten.

Wer die Prophetenbücher des Alten Testaments liest und zugleich die Nachrichten von heute hört, gewinnt den Eindruck, dass sich bis auf den heutigen Tag nicht viel verändert hat. Es gibt schreiendes Unrecht, nicht nur im globalen Süden, sondern auch im reichen Norden. Für sehr viele Menschen in der südlichen Hemisphäre ist das Leben aber im Vergleich zu uns im Norden extrem herausfordernd. Sie haben Probleme, die Familie über Wasser zu halten, sie kämpfen mit Geld-, Lebensmittel-, Arbeits- oder Wohnungsmangel. Schlechte Gesundheit kann ein Grund zur Sorge sein. Sie haben vielleicht einen geliebten Menschen verloren, der aber der Versorger der Familie war, und nun stehen sie vor dem Nichts. Es gibt keine Witwenrente. Vielleicht leben sie in Angst vor Missbrauch oder Gewalt, weil der Staat nicht in der Lage ist, sie zu versorgen. Vielleicht haben sie ihr Zuhause durch einen Konflikt, eine Katastrophe oder eine Hungersnot verloren. Gott weint über zwangsprostituierte Frauen, die in Deutschland ausgebeutet werden, ebenso wie über die Frauen in den Slums von Manila und an vielen anderen Stellen dieser Welt. Gott weint genauso über Kinder, die für einen Hungerlohn in den Steinbrüchen Asiens Steine klopfen, die wir dann günstig im Baumarkt um die Ecke für unsere Veranda kaufen.

Für spirituelle Menschen ist diese Ungerechtigkeit deshalb keine rein politische Frage – das natürlich auch –, sondern eine zutiefst geistliche Frage. Politik muss Lösungen finden, die die Ungerechtigkeit vermindern oder abschaffen. Und wir sollten sie dabei unterstützen. In unserem Zusammenhang ist es aber wichtig, daran zu erinnern, dass Gott sich einen sehr guten Plan für unsere ganze Welt ausgedacht hat, egal, wie verzerrt diese Welt jetzt auch aussehen mag. So heißt es zu Beginn der Bibel in der Schöpfungsgeschichte: „Und siehe, es war sehr gut!" Gott hat eine Welt erschaffen, die besser nicht hätte sein können. Das Ziel Gottes mit dem Menschen war ein Leben in persönlicher und spirituell enger Verbindung. Doch der Mensch, so wird berichtet, geht eigene Wege und löst sich aus der Umarmung Gottes.

Unser Zustand heute ist deshalb kein göttlich gewollter, sondern ein unheiliger Zustand. Er ist Ausdruck dessen, dass die Welt sich aus ihrer ursprünglichen Bestimmung gelöst hat. Die alte Geschichte des Sündenfalls aus 1. Mose 3 macht das anschaulich deutlich. Der Mensch löst sich von Gott und möchte sein eigener Herr werden. Die Folge sind Scham, Tod und Vertreibung aus der Nähe Gottes im Garten Eden. In aller Kürze wird uns hier das Menschheitsschicksal in aller Tragik vorgestellt, wie es plastischer nicht sein könnte.

Im Gegensatz zu unserer Realität entfaltet die Bibel auf ihren letzten Seiten ein Bild, wie die Welt ursprünglich gedacht war, und malt vor Augen, auf welches Ziel sie zugeht.

In Offenbarung 21 lesen wir, dass Gott eine neue Erde und einen neuen Himmel schaffen wird, in denen Gott selbst mit seinem Volk in großer Unmittelbarkeit leben wird. Er wird den Traurigen Trost spenden, den Schmerz der Verletzten heilen und dem Tod und der Trauer ein Ende setzen. Es wird kein Leid mehr geben, es werden keine Tränen mehr geweint werden. Auf dieser neuen Erde wird es keinen Platz für Menschen geben, die vom Bösen motiviert sind. Sie wird ein Ort der Schönheit sein. Dieses Zukunftsbild ist keine Vertröstung auf das Jenseits. Vielmehr soll es uns dazu motivieren, heute schon daran zu arbeiten, dass Menschen eine Ahnung davon bekommen, was Gott für alle Menschen möchte: ein Leben in Gerechtigkeit, in Gleichheit, im Frieden mit sich, mit dem Nächsten, mit Gott und der ganzen Schöpfung.

Überall zeigen sich die Spuren Gottes. Zugleich ist die Welt nicht so, wie sie gedacht ist, sie ist eine gebrochene Schöpfung. Das muss eine „heilige Unruhe" in uns zur Folge haben.

Gesunde Spiritualität drückt sich deshalb auch wesentlich darin aus, dass sie eine erhöhte Aufmerksamkeit für die Not der Menschen an den Tag legt. Wer mit Gott leben möchte und mit seiner Wirklichkeit rechnet, wird zwangsläufig an Barmherzigkeit und Gerechtigkeit erinnert. Wenn alles von Gott geschaffen ist, ist es auch heilig. Überall zeigen sich die Spuren Gottes. Und zugleich ist die Welt nicht so, wie sie gedacht ist, sie ist eine gebrochene Schöpfung. Das muss eine „heilige Unruhe" in uns zur Folge haben. Es kann uns nicht gleichgültig sein, wenn wir

Teil des Problems sind und selbst zum Unrecht beitragen, das in dieser Welt herrscht. Wenn Gott mit den Weinenden weint, wie können wir dann angesichts des vielfältigen Leids in der Welt zur Tagesordnung übergehen?

Es scheint mir eine Ursache dafür zu geben, warum Gerechtigkeit nicht in der Weise gelebt wird, wie sie für uns Menschen wichtig wäre. Das hat – neben anderen Faktoren – mit zerbrochenen Beziehungen zu tun. Wir sind nicht berührt von der Not. Sie ist weit weg. Wir werden jeden Tag über die Medien mit Zahlen und Fakten überhäuft, auf die unser Verstand anspricht, aber nicht unser Herz. Es ist eine Sache, von Statistiken zu lesen und die Folgen von Armut und Unrecht zu analysieren. Das ist wichtig, aber es berührt uns noch nicht.

Wenn Beziehungen zwischen Gott und Mensch wiederhergestellt sind, dann verändert sich unser Leben. Wir werden offen für die Anliegen, die Gott am Herzen liegen. Sein Geist regt unseren Geist an. Als Folge entstehen neue und andere Verhältnisse unter Menschen. Versöhnung ist möglich, aber ebenso Gerechtigkeit und ein wachsendes Bewusstsein für Umstände, die Gottes Absichten widersprechen. Unser Herz beginnt sich zu öffnen für die Menschen, die unter diesen Umständen unschuldig leiden. Und wir können nicht mehr schweigen.

Wir haben als Christen eine Verantwortung dafür, Gottes Welt zu bebauen und zu bewahren. Es ist an uns, Zeichen dafür zu setzen. Die Heilung zerbrochener Beziehungen ist ein wichtiger Schlüssel, damit Versöhnung geschehen kann, zwischen mir und meinen Mitmenschen, der Schöpfung und Gott. Ungerechtigkeit, Neid, Ungleichheit, Konflikte, ja teilweise sogar Naturkatastrophen haben oft ihre tiefste Ursache in der Zerbrochenheit der Beziehungen. Würden wir Gott ernster nehmen, hätte das Auswirkungen auf unser Miteinander und auf die ganze Erde. Unrecht hat nicht nur materielle und soziale Auswirkungen, sondern auch geistliche. Ein spiritueller Blick auf das Leben nimmt das wahr.

Teil 2
Kennzeichen krank machender Spiritualität

Der Glaube ist eine wichtige, heilsame und befreiende Ressource für die Bewältigung des Lebens. Sogar bei der Bewältigung körperlicher und psychischer Krankheiten kann er sein heilsames Potenzial entfalten. Vergebung wirkt befreiend, Verzeihenkönnen stabilisiert Beziehungen, und durch Hoffnung wird die Widerstandskraft von Menschen gestärkt. Dies alles erfährt man als spiritueller Mensch, wenn sich der Glaube positiv auswirkt und die Entwicklung unserer Persönlichkeit befördert. Wer dankbar durch das Leben geht und sein Leben aus Gottes Hand nimmt, lebt anders, auch wenn er schwierige Zeiten durchmacht. Es wäre deshalb leichtfertig, diese spirituellen Kräfte nicht in Seelsorge und christlicher Psychotherapie zu nutzen. Denn wir alle erleben Krisen, die grundsätzliche Fragen an unser Leben stellen.

Im ersten Teil des Buches habe ich aufzuzeigen versucht, dass gesunde Spiritualität eine Quelle des Lebens ist, die frei und froh macht und unsere Lebensresilienz stärken kann. Gerade in den Krisen kann sich der Glaube bewähren. Er gibt die Antworten auf die Frage nach dem Sinn des Lebens. Damit trägt er auch zur Lösung der Fragen unseres Alltags bei.

Aber der Glaube kann auch Teil des Problems sein, das Menschen mit ihrem Leben haben, und dieser Frage müssen wir uns nun stellen, wenn wir redlich sein wollen. Religionen bergen in sich ein Potenzial, missbraucht zu werden, das nicht zu unterschätzen ist. Unter den Patienten in psychosomatischen Kliniken sind nicht wenige, die eine psychische Krankheit aufgrund ihres Glaubens entwickelt haben. Und wir wissen heute, dass ein fanatisierter Glaube Menschen dazu bringt, in einen „heiligen" Krieg zu ziehen, jegliche Gewalt gegen Andersdenkende zu rechtfertigen, Menschen zu töten und zu unterdrücken. Fundamentalismus ist eine der negativen und kranken Formen von Religion, vor dem man auf der Hut sein muss. Und ja, Fundamentalismus gibt es in nahezu allen Religionen.

Der Glaube kann Menschen frei und stark machen – aber auch klein und abhängig. Manche Menschen neigen aufgrund ihrer Persönlichkeitsstruktur, Lebensgeschichte oder aus anderen Gründen dazu, sich solchen Gruppierungen anzuschließen, die ihnen Geborgenheit und Sicherheit vermitteln und eine feste Orientierung bieten. Menschen suchen in der Religion Zuflucht vor den Schwierigkeiten des Lebens. Denn das Leben überfordert uns gelegentlich alle. Bis zu einem gewissen Grad ist das deshalb auch in Ordnung, und es ist wünschenswert, wenn Menschen in der Religion einen Halt finden, den sie sonst nicht haben. Jesus sagt nicht umsonst: Die Kranken brauchen den Arzt und nicht die Gesunden.

Aber Spiritualität ist erst dann wertvoll, wenn sie Menschen in ihrer Würde ernst nimmt und sie zu eigenständigen Persönlichkeiten reifen lässt, wenn sie dabei hilft, die Eigenständigkeit und Selbstermächtigung eines Menschen zu fördern. Wer im Grunde ständig Halt und Sicherheit im Außen sucht und keine eigene Stärke im Glauben findet, wird nicht erwachsen und bleibt ein Kind. Vor vielen Jahren sagte mir einmal eine Person, sie wäre gern wie eine Marionette an der Hand Gottes. Dann würde sie keine Fehler machen und könne sich immer sicher sein, dass sie im Willen Gottes lebt.

Aber das ist gerade nicht das Ziel eines alltagstauglichen Glaubens. Es entspricht auch nicht dem biblischen Zeugnis, nach dem der Mensch zum Ebenbild, zum Gegenüber Gottes geschaffen ist – mit der Möglichkeit zum Erfolg und zum Scheitern, aber immer in einer engen Beziehung zum Schöpfer selbst. Im Tiefsten zeugt dieser Wunsch von einer versteckten Angst, jeder Fehler, den ich mache, liefere mich dem Gericht Gottes aus.

---

*Spiritualität ist erst dann wertvoll,
wenn sie dabei hilft, die Eigenständigkeit und
Selbstermächtigung eines Menschen zu fördern.*

Gesunde Spiritualität ist aber nicht angstgeleitet, sondern vertrauensgeleitet. Gesunde Spiritualität akzeptiert das Scheitern und sucht das Gelingen, wo immer möglich – aber eben angstfrei und mit dem Grundvertrauen an einen gütigen Gott. Marionetten brauchen das nicht, sie sind willenlose Spielzeuge.

Ich bin mir darüber im Klaren, dass ich mich bei der Frage nach krank machender Spiritualität auf dünnem Eis bewege. Man kann leicht überziehen. Man kann überkritisch sein. Darum geht es nicht. Keine Kirche oder Gemeinde ist perfekt, und oft neigen wir mal mehr oder weniger in eine Richtung, die sich hinterher als Irrweg herausstellt. Wir sind selbst nicht immer ausgewogen, und was wir reden, ist nicht immer druckreif für das Feuilleton. Es kann auch nicht darum gehen, mit dem Finger auf andere zu zeigen oder auf der dunklen Folie negativer Beispiele das eigene Licht umso heller strahlen zu lassen.

Jede Form des Glaubens hat ihre Stärken und Schwächen. Das ist auch in Ordnung, denn wir sind Menschen. Aber es gibt auch Formen, Strukturen oder Glaubensaussagen, die Menschen daran hindern, erwachsen zu glauben, reif zu werden und eine eigenständige Persönlichkeit auszubilden. Diese zu kennen ist wichtig, denn hier ist Vorsicht geboten.

Was sind solche lebensbehindernden Formen von Spiritualität? Es sind – nicht selten unbewusste – Glaubenssätze, die im Geheimen ihre eigene Dynamik entfalten. Menschen haben sie verinnerlicht und leben danach. Gemeinden, Gruppen oder Kirchen finden im schlimmsten Fall darin eine gemeinsame Identität.

Einige dieser „giftigen" inneren Sätze möchte ich im Folgenden benennen. Vielleicht stellen Sie sich selbst beim Lesen die Frage, ob der eine oder andere Satz Ihnen vertraut vorkommt und Sie vergleichbare innere Haltungen in sich entdecken. Mir ging es zumindest so.

Glaubenssätze, die Wachstum behindern

Ich bin geliebt, weil ich etwas leiste

Die Eltern hatten es zu etwas gebracht. Aus kleinen Verhältnissen aufgestiegen, wuchsen sie im Laufe der Nachkriegszeit in erstaunlichen Wohlstand hinein. Man konnte sich bald schon ein schönes Haus und ein großes Auto leisten, dann kam ein zweites und drittes Haus dazu. Die Familie wuchs und war angesehen. Die Quelle des Erfolgs war ungeheurer Fleiß. Die Eltern leisteten Enormes und sparten, um sich noch mehr anschaffen zu können. Denn in der Region, in der sie lebten, galt das als ein wichtiges Indiz für Erfolg.

Die Kinder lernten von ihren Eltern, dass Leistung sehr wichtig ist und eine große Rolle im Leben spielt. Bei guten Noten gab es ein Eis, bei schlechten Noten eine Strafe. Bei richtigem Verhalten wurden die Kinder gelobt, wenn etwas danebenging, wurde die Zuneigung entzogen. Die Eltern waren nicht grausam und schlugen die Kinder auch nicht, aber in gewisser Weise waren sie auch unerbittlich und streng. Das Signal war eindeutig: Leistung wird belohnt, Versagen wird bestraft. Du bist geliebt, wenn du etwas zustande bringst, und du wirst abgelehnt, wenn du versagst.

Die Eltern gingen mit ihren Kindern regelmäßig in die Kirche, und die Kinder liebten die Kinderstunde. Die Geschichten waren spannend, man war unter sich und lernte Freunde kennen. Dass man sonntags nicht zu Hause blieb, war klar, und die Kinder zogen zunächst willig, aber mit zunehmendem Alter immer unwilliger, mit. Der Glaube war zentral, die Werte des Glaubens wurden ebenso geradlinig gelebt, und es war wichtig, dass man als Familie ein christliches und vorbildliches Leben führte.

Im Laufe der Zeit bildete sich bei den Kindern immer deutlicher eine Haltung zwischen Anpassung und Rebellion heraus. Die Pubertät tat ihr Eigenes dazu, und eine Tochter brach mit dem Erreichen des achtzehnten Geburtstags aus dieser wohlgeordneten Welt aus. Sie ging für ein Jahr ins Ausland und studierte dann weit entfernt von zu Hause. Die anderen Geschwister blieben am Ort, heirateten und engagierten sich neben dem Beruf ehrenamtlich intensiv in Vereinen und Kirchengemeinden. Das Verhältnis zu der Tochter, die weggezogen war, blieb zu Lebzeiten ihrer Eltern eher distanziert, im Gegensatz zu dem der anderen Geschwister.

Sie ging von Zeit zu Zeit in einen Gottesdienst, und beim Klang der Orgel kamen die Kindheitserinnerungen wieder hoch – eine Mischung aus wohligem Vertrautheitsgefühl und Missstimmung, Heimatlichem und zugleich dem Gefühl, dass etwas nicht mehr passte. Einordnen konnte sie es nicht, aber der Glaube als tragfähiger Grund hatte nicht durchgehalten. Er war mehr eine Ahnung, dass vielleicht doch etwas daran war.

Viele Jahre nach dem Tod der Eltern kam es unter den Geschwistern zu einem langen und unerwartet intensiven Austausch über die eigene Kindheit. Es stellte sich heraus, dass alle Kinder den Druck der Eltern ähnlich erlebt hatten. „Sie haben es einfach übertrieben, aber eben doch gut gemeint“, so das Resümee des ältesten Bruders. „Nein, ganz so einfach war es für mich nicht", so die entfernt lebende Schwester. „Ich musste mich über viele Jahre hinweg mühsam von dem Bild befreien, dass ich nur wertvoll bin, wenn ich etwas leiste. Und das hatte sich auch auf meinen Glauben ausgewirkt. Oft dachte ich, Gott straft mich jetzt, wenn ich etwas tue, was ihm nicht gefällt. Und ich bin bis heute einfach misstrauisch, ob es stimmt, dass Gott uns Menschen so akzeptiert, wie wir sind. Das war ja zu Hause auch nicht so. Das wollte ich für mein Leben nicht mehr."

Warum erzähle ich diese Geschichte? Sie steht exemplarisch für viele christliche Elternhäuser, die den Kindern etwas mitgegeben haben, was gemischte Eindrücke zurücklässt. Psychologen würden zunächst zu Recht sagen, dass es sich bei der Haltung der Tochter um eine klassische Projektion handelt. Von klein auf hat das Kind gelernt, dass sich nur Leistung lohnt und dass man sich anpassen und anstrengen muss, wenn man geliebt werden möchte. Dies ist zu einem Lebensmuster geworden, das sich verfestigt hat. Es ist davon auszugehen, dass sich bei Menschen mit dieser Erfahrung dieses Muster auch in anderen Lebensbezügen auswirkt: Die Wohnung muss perfekt aufgeräumt sein, die berufliche Karriere zielgerade, und auch im Verhältnis zu Gott oder der Form ihrer Spiritualität herrscht eine Grundhaltung, in der man sich ständig beweisen muss: Gott liebt dich, wenn du gut bist. Wenn nicht, dann musst du aufpassen, dass er dich nicht straft. Für Schwächen und für Unvollkommenheit gibt es in diesem Glauben keinen Platz. Schwächen muss man verstecken und verdrängen, und es kostet im Alltag und auf Dauer viel Kraft, die Fassade aufrechtzuerhalten. Das religiöse Leben wird zu einem Theaterspiel oder zu einem erbarmungslosen „Perfektionsmarathon".

Aber irgendwann ist das Theater zu Ende, und die Wahrheit des Lebens setzt sich durch – meist krisenhaft. Dem dauernden Perfektionsdruck ist man nicht mehr gewachsen, Erschöpfung stellt sich ein, Depression oder Burn-out sind Anzeichen, dass etwas überhaupt nicht stimmt. Spätestens in einer Krise, wenn die Fassade zu bröckeln beginnt, muss man ehrlich werden und sich der Realität stellen: Meine Idealwelt gibt es nicht. Auch das große Kino geht nach einer gewissen Zeit zu Ende. Nichts ist ideal. Nichts funktioniert perfekt, auch nicht der Glaube.

Schon der Begriff „funktionieren" passt nicht. Glaube ist eine Wirklichkeit, keine Funktion, die man einstellt, damit man Wirkung erzielt. Glaube stellt sich nicht ein, wenn man nur den richtigen Hebel umlegt. Vieles, was wir im Alltag oft tun, um nach außen ein bestimmtes Bild von uns selbst zu präsentieren, passt für die Wirklichkeit des Glaubens nicht.

Glaube stellt sich nicht einfach ein,
wenn man nur den richtigen Hebel umlegt.

Zwischen dem Leistungsdruck in unserer Gesellschaft und einem religiösen Leistungsdruck, unter dem Menschen leiden können, besteht kein großer Unterschied. Beide können ihre Ursache in einer Erziehung haben, in der die Eltern ihren Kindern einen unbedingten Leistungswillen „eingeimpft" haben. Die Ursache kann auch in einer Familiengeschichte liegen, in der bestimmte Ideale und Verhaltensweisen seit Generationen weitergegeben wurden. Dann heißt es: „In unserer Familie war das schon immer so." Wie Mehltau legt sich ein bestimmtes Muster auf ganze Generationen. Interessant ist, dass ein Teil derer, die so geprägt sind, offensichtlich gut damit umgehen kann. Das englische Königshaus demonstriert diesen Sachverhalt für die Öffentlichkeit. Die Mehrheit hält sich an die Spielregeln und hält den enormen Druck aus, der sowohl von innen als auch von der Öffentlichkeit auf sie ausgeübt wird. Die Etikette ist alles, eiserne Leistungsbereitschaft und ein gemeinsamer Auftrag schweißen „die Firma", wie sie so schön genannt wird, zusammen.

Doch nicht alle schaffen das. Leistung und Druck können Menschen zerbrechen. Daran sind auch Ehen gescheitert, manches Leben wurde zerstört, und ein Sohn hat die Konsequenzen gezogen und sich vom Königshaus offiziell distanziert. Bezeichnend ist, dass sich die Reihen hinter ihm sofort wieder geschlossen haben. Das ist eben das Unmenschliche am Leistungsdruck: Er lässt keine Schwäche zu.

Ähnliche Muster gibt es im religiösen Raum. Sie haben unmittelbare Auswirkungen auf den Glauben und auf das Gottesbild.

Gott liebt mich, wenn ich gehorsam bin

Es gibt eine Form frühkindlicher religiöser Bildung, die darauf fixiert ist, den Gehorsam Gott gegenüber besonders in den Blick zu nehmen. Gott hat uns Menschen seine Gebote gegeben, und wir sollen uns daran orientieren. Im ursprünglichen Sinn und nach jüdischem Verständnis sind die Gebote Geschenke, die ein gutes Leben und ein friedliches Miteinander erst ermöglichen und gelingen lassen. Aber man kann sie auch in das Gegenteil verkehren. Jesus selbst griff die Pharisäer scharf an, weil sie zwar den Buchstaben des Gesetzes minutiös auslegten, aber dennoch am Wesentlichen vorbeigingen: der Liebe zum Nächsten, zum Schwachen, zu denen, die Barmherzigkeit nötig hatten.

Christliche Erziehung kann eine sehr wichtige und wesentliche Grundlage für ein gelingendes Leben legen, wenn das Bild eines Gottes vermittelt wird, dem man sich bedingungslos anvertrauen kann.

Sicher gehört dazu auch die Orientierung an seinen Geboten. In diesem Zusammenhang scheint mir aber wesentlich zu sein, dass sich Jesus in seiner Auslegung der Gebote immer an Erwachsene richtet. Die Bergpredigt gilt seinen Jüngern, und das waren erwachsene Menschen. Die Feindesliebe etwa ist etwas, was kleine Kinder nicht verstehen können und auch nicht verstehen müssen. Denn sie setzt ein hohes Maß an Reflexionsfähigkeit voraus, die Kinder noch nicht haben.

Ich glaube nicht, dass das Verhalten von Kindern durchgängig an den Maßstäben des Neuen Testaments zu messen ist. Kinder müssen lernen, eine eigene Persönlichkeit zu werden, sie müssen reifen, sie dürfen Fehler machen und einüben, was es bedeutet, Verantwortung zu übernehmen. Wenn ein Kind lügt, dann muss man es mit der Lüge konfrontieren, aber nicht damit, dass es ein Gebot Gottes übertreten hat. Und schon gar nicht mit dem Zusatz, dass Gott nun betrübt ist. Unwahrhaftigkeit an sich ist nicht richtig, aber es ist die Aufgabe der Eltern, aufzuzeigen, dass sie uns Menschen in unserem Miteinander nicht weiterbringt. Im Laufe des Lebens lernen Kinder, die mit biblischen Geschichten aufwachsen, dass die Gebote Hilfen zum Leben sind und dass es gut ist, sie zu beachten – aber nicht mit dem moralischen Zeigefinger und schon gar nicht mit Gott in der Rolle eines strafenden Pädagogen.

Im ursprünglichen Sinn sind die Gebote Gottes Geschenke, die ein gutes Leben ermöglichen und gelingen lassen. Aber man kann sie auch in das Gegenteil verkehren.

Wie ging Jesus mit Kindern um und was war ihm im Blick auf ihr Verhältnis zu ihm wichtig? Im Markusevangelium lesen wir folgende Begebenheit:

> Und sie brachten Kinder zu ihm, damit er sie anrühre. Die Jünger aber fuhren sie an. Als es aber Jesus sah, wurde er unwillig und sprach zu ihnen: Lasst die Kinder zu mir kommen und wehret ihnen nicht; denn solchen gehört das Reich Gottes. Wahrlich, ich sage euch: Wer das Reich Gottes nicht empfängt wie ein Kind, der wird nicht hineinkommen. Und er herzte sie und legte die Hände auf sie und segnete sie. (Markus 10,13–16)

Wenn Jesus Kindern begegnet, dann geht es entweder um eine Heilungsgeschichte oder um den Segen. Jesus wendet sich den Kindern unmittelbar zu und spricht ihnen seinen Schalom zu, den umfassenden Frieden. In anderen Worten: Wenn den Kindern schon das Reich Gottes gehört, wenn sie also alles haben, was sie benötigen, um Kinder Gottes zu sein, dann gilt ihnen auch die bedingungslose Liebe Gottes. Im Neuen Testament jedenfalls geht es an keiner Stelle für Kinder um Nachfolge, Gehorsam und darum, sein Kreuz auf sich zu nehmen. Diese Aufrufe gelten immer denen, die als erwachsene Menschen, im jüdischen Kontext als religionsmündige Menschen ab der Bar Mizwa mit etwa 12 bis 14 Jahren, voll berechtigte Mitglieder einer Synagoge werden konnten.

Ich schließe daraus, dass es für eine gelungene christliche Erziehung und als Ausdruck einer gesunden Spiritualität unerlässlich ist, dass Kinder nicht das Bild eines Gottes vermittelt bekommen, von dem sie auch nur im Ansatz Strafe erwarten müssten. Nein, Kindern gehört Gottes Reich bedingungslos. Verantwortung zu übernehmen, Leistung zu bringen und sich dem Leben in der Nachfolge zu stellen, das sind Themen für Jugendliche oder erwachsene Menschen, die ein Ja für diesen Weg gefunden haben. Denn sie wissen aus der Erfahrung mit ihren Eltern, dass es folgerichtig ist, dass man bei Ungehorsam gegebenenfalls bestraft werden wird. Deshalb lautet die einfache Umkehrung meiner Überschrift an die Kinder: Gott liebt dich immer, egal, was du getan hast.

Der liebe Gott sieht alles

Es gibt ein altes Kinderlied, das sehr bekannt ist und viel gesungen wurde. Es transportiert das Bild von einem Gott, der alles beobachtet und alles registriert, was das Kind tut. Zwei Verse lauten folgendermaßen.

Pass auf, kleines Auge, was du siehst!
Pass auf, kleines Auge, was du siehst!
Denn der Vater im Himmel
schaut herab auf dich,
drum pass auf, kleines Auge, was du siehst!

Pass auf, kleines Ich, werd nicht groß!
Pass auf, kleines Ich, werd nicht groß!
Denn der Vater im Himmel
schaut herab auf dich,
drum pass auf, kleines Ich, werd nicht groß!

In mehreren Versen (nach dem Auge werden auch Mund, Hand und Fuß angesprochen) führt das Kinderlied aus, dass Gott auf alles achtet, was Kinder tun. Er sitzt im Himmel und beobachtet. Er steht über den Dingen. Er ist da, wenn die Eltern aus dem Haus gehen und die Kinder im Kühlschrank nach der Schokolade greifen, was sie nicht dürfen. Er mag es nicht, wenn ein Kind stolz wird, weil es etwas Großartiges geleistet hat. Das könnte das Kind groß machen. Nein, Kinder sollen klein bleiben, vor allem das „Ich" soll klein sein. Denn Stolz ist böse und richtet sich gegen Gott. Was immer das Kind tut, es soll sich darüber im Klaren sein, dass Gott über allem wacht.

Die Auswirkungen dieser „Schwarzen Pädagogik" hat der Psychoanalytiker Tilman Moser in seiner gnadenlosen Abrechnung über seine christliche Erziehung folgendermaßen beschrieben:

> Weißt du, was das Schlimmste ist, das sie über dich [Gott] erzählt haben? Es ist die tückisch ausgestreute Überzeugung, dass du alles hörst und alles siehst und

> auch die geheimen Gedanken erkennen kannst. […] Vorübergehend mag es gelingen, lauter Sachen zu denken oder zu tun, die dich erfreuen […]. Aber ganz viele Sachen machten dich traurig und das war ja immer das Schlimmste: „dich traurig machen" – ja die ganze Last der Sorge um dein Befinden lag beständig auf mir, du kränkbare, empfindliche Person, die schon depressiv zu werden drohte, wenn ich mir die Zähne nicht geputzt hatte. Also: Hosen zerreißen hat dir nicht gepasst; im Kindergarten mit den anderen Buben in hohem Bogen an die Wand pinkeln hat dir nicht gepasst, obwohl das ohne dich ein eher festliches Gefühl hätte vermitteln können; […] die Mutter anschwindeln, was manchmal lebensnotwendig war, hat dir tagelang Kummer gemacht." (Tilman Moser, Gottesvergiftung, Suhrkamp 1980, S. 13 f.)

Tilman Mosers Vorwurf, dass Religion Angst erzeugen kann, ist nicht von der Hand zu weisen. Wenn christliche Erziehung die Religion instrumentalisiert, kann das verheerende Folgen haben. Statt im Kind Vertrauen und Geborgenheit wachsen zu lassen, entsteht in ihm das Zerrbild von Gott als einem „Big Brother", der über alles wacht und nichts übersieht. Vor diesem Gott muss man Angst haben, denn er erdrückt und ist Kindern natürlich gnadenlos überlegen. Er lässt es nicht zu, dass das Kind erwachsen wird, vielmehr möchte er es in einer Abhängigkeit halten, in der jedes kleinste „Vergehen" schlimme Folgen haben kann. Mosers Fazit: „Freut euch, wenn euer Gott freundlicher war."

Von solchen Erziehungsformen, Gottesvorstellungen und

Prägungen muss sich ein verantwortbarer Glaube deutlich distanzieren. Es handelt sich dabei um einen Missbrauch des Glaubens, der verheerende Auswirkungen in den Seelen und Empfindungen von Kindern hat. Diese Glaubenssätze verhindern Wachstum und Eigenständigkeit. Sie untergraben die Würde des Kindes, das zur Gottebenbildlichkeit geschaffen ist. Und sie geben letztendlich Gott selbst der Lächerlichkeit preis, der eher einem schlecht gelaunten Übeltäter als einem gütigen Vater, wie ihn uns Jesus vermittelt hat, gleicht.

Ich darf keine Fehler machen

Zugegeben, wir Deutschen treiben die Dinge gerne auf die Spitze. Wir sind dafür bekannt, Dinge gründlich zu machen. Das Land der Dichter und Denker ist auch das Land der Ingenieure, der Tüftler und Bastler. Und das ist gut so. Ein großer Teil unseres Wohlstandes ist darin begründet, dass wir offensichtlich vieles richtig gemacht haben. Das geht weit über das private Wohlergehen hinaus; auch die medizinische Versorgung kann sich sehen lassen, Deutschland kümmert sich um arme Menschen und in der weltweiten Entwicklungshilfe stehen wir als zweitgrößtes Geberland nach den USA[3] nicht schlecht da.

Fehler zu machen ist unter uns meistens verpönt. Erst seit einigen Jahren gibt es Begriffe wie „Fehlerkultur", bei der es nicht um die Vermeidung von Fehlern geht, sondern darum, Fehler zuzulassen, um daraus zu lernen. Ich habe nicht den Eindruck, dass eine derartige Fehlerkultur oder gar Fehlerfreundlichkeit weit verbreitet ist.

Es gibt auch in der Spiritualität eine Haltung der Fehlervermeidung. Sie wird in der Kindheit angelegt, geprägt und vertieft sich zu Verhaltensmustern, die das ganze Leben bestimmen. Oft steht dahinter ein negatives Gottesbild. Es besagt: Fehler machen ist Sünde, Fehler bringen dich von Gott weg, sie führen dich auf Abwege. Es ist besser, Fehler zu vermeiden, zu umgehen und sich im Vorfeld prüfend zu fragen, wie man auf der richtigen Spur bleiben kann.

„Fehlervermeidung" ist nicht das Ziel von lebensförderlicher Spiritualität.

Viele gewissenhafte Menschen übernehmen diese geistliche Einstellung für ihr Leben. Was ist dagegen einzuwenden? Ist es nicht richtig, Fehler zu vermeiden? Führen Fehler nicht auch zu falschen Entscheidungen, zu Verletzungen, zu Irrwegen? So berechtigt und richtig diese Fragen sind, so wenig treffen sie den Kern dieses falschen Glaubenssatzes.

Wer meint, keine Fehler machen zu dürfen, setzt sich unter einen unglaublichen Druck. Man versucht dann ständig, alles richtig zu machen, korrekte Antworten zu geben, zielstrebige Lösungen parat zu haben. Man übernimmt Ratschläge erfahrener Personen und versucht, danach zu leben, ob sie realistisch sind oder nicht. Man plant exakt und nutzt die Spielräume. Man überprüft sich ständig, ob man noch „auf Kurs" ist.

Im geistlichen Leben hat dies oft zur Folge, dass sich durch diese Fehlervermeidungsstrategie nach und nach ein Gottesbild etabliert, das Belohnung für richtiges Verhalten zusagt und fehlerhaftes Verhalten straft. Kurzum: Gott liebt diejenigen, die alles richtig machen und sich so verhalten, wie man es tun sollte. Die anderen müssen nachsitzen.

Ich habe in meinem langjährigen Arbeitsleben sehr viele Christen kennengelernt, die ein unfassbares Engagement an den Tag gelegt haben. Sie haben ihr privates Leben zurückgestellt und ihre Arbeit sehr ausdauernd, gründlich und umsichtig getan. Ich habe sie oft bewundert und insgeheim auch beneidet, denn sie signalisierten mir: Es geht noch mehr, es geht noch besser, es geht noch weiter. Streng dich an, leg noch eine Schippe drauf, was du bis zu diesem Tag vorzuweisen hast, ist noch lange nicht genug.

Dieser Perfektionismus ist nicht nur beeindruckend. Er ist auch beängstigend. Er erschlägt andere Menschen mit der unausgesprochenen Erwartung, dass das „Normale" zu wenig ist. Heute bin ich mir sicher, dass hinter dieser Haltung unsichtbare Antreiber stehen, die Menschen nicht zur Ruhe kommen lassen, in der sie ihre Motive und Haltungen überdenken könnten. Diese Antreiber sagen: Wenn du alles getan und alles gegeben hast, dann kannst du in den Spiegel schauen und zufrieden sein. Wenn du deine Leistung zur Perfektion getrieben hast und gut warst, dann ist auch Gott zufrieden. Gut gemacht, du treuer Christ, jetzt freut sich Gott an dir!

Es gibt ein Gleichnis im Neuen Testament, das eine gewisse Gefahr für „Fehlervermeider" in sich trägt, wenn man es einseitig auslegt. Es ist das Gleichnis von den anvertrauten Talenten aus Matthäus 25,14–30. In der Geschichte, die Jesus erzählt, geht ein vermögender Herr auf Reisen und vertraut drei Männern unterschiedlich große Anteile seines Vermögens zur Verwaltung an. Er tut dies entsprechend ihrer Fähigkeiten und Begabungen.

Als er zurückkommt, müssen sie Rechenschaft ablegen, was sie mit dem anvertrauten Vermögen getan haben. Zwei der Männer haben gut mit dem Vermögen gewirtschaftet. Der dritte hat aus Angst vor dem Herrn, den er als ungerecht und hart empfindet, seinen Anteil vergraben und wird dafür scharf bestraft.

Die Quintessenz des Gleichnisses ist im Grunde einfach: Jeder wird für das zur Rechenschaft gezogen, was ihm anvertraut wird. Wer aus seinen Gaben nichts macht, wird dafür bestraft. Das leuchtet ein, und im Grunde ist damit alles gesagt.

Das Gleichnis hat aber einen Haken. Auf den wies mich jemand hin, indem er sagte: „Gott hat mir viele Gaben geschenkt, und ich habe auch etwas daraus gemacht. Ich kann in aller Bescheidenheit sagen, dass ich meine Gaben gut eingesetzt habe. Wenn ich zurückblicke, war das gut. Aber es bleibt dennoch ein schaler Nachgeschmack: Reicht es denn wirklich? War das, was ich getan habe, letztlich wirklich gut genug? Habe ich nicht doch Gaben ungenutzt gelassen, indem ich mich aus dieser oder jener Aufgabe zurückgezogen habe? Was ist denn mit den Fehlern, die ich auch gemacht habe? Die beiden ersten Männer im Gleichnis haben schließlich alles richtig gemacht."

Das Beispiel zeigt, dass das Gleichnis auch eine Bürde sein kann, zumindest für diejenigen, die ein großes Maß an Verantwortung zugeteilt bekommen und noch dazu einen leistungsbezogenen Glauben haben. Hier lauert sofort die Selbstanklage: Habe ich vielleicht auch einen Teil meiner Gaben vergraben?

Menschen, die dafür begabt sind, dass sie große Verantwortung tragen können, können unter dieser Bürde auch leiden. Wenn unsere Begabungen dazu führen, dass sie unserem Leben einen Druck auferlegen, den man zu erfüllen hat, dann werden sie zur Last. Wenn die Gaben nicht in enger Beziehung zum Geber der Gaben und zu dem Bild, das wir von ihm haben, stehen, dann kann eine große Begabung auch Ängste auslösen. Der Druck, alles richtig machen zu müssen und keine Gelegenheit auszulassen, sich einzubringen und in allem, was ich tue, auf den „Ertrag" zu achten, ist ungesund.

Ich darf Fehler machen. Der Gott, dem wir dienen, ist eben kein unbarmherziger und harter Herr, sondern ein gütiger Gott, der beschenkt, ausstattet, befähigt und ermutigt, das Richtige zu tun.

Dieses Gleichnis Jesu kann nur dann seine positive Kraft entfalten, wenn das Gottesbild gesund ist. Der Glaubenssatz „Gott verzeiht keine Fehler" macht krank und ist ungesund.

Was will Jesus aber dann mit diesem Gleichnis sagen? Vielleicht dies: Bring dich ein mit deinen Gaben, scheue dich nicht, aktiv zu sein, und setze mutig ein, was dir gegeben ist. Vergrab es nicht. Vertraue, dass sich der Himmel unbändig daran freut, wenn dir etwas gelingt. Und wenn etwas nicht gelingt, erinnere dich daran: Wir sind fehlbare Menschen.

Letztlich ist nur Gott gut und vollkommen.
Wenn wir diese Wahrheit mit dem Herzen erfasst haben,
werden wir gelassener.

Spirituelle Menschen sammeln sich um einen Mittelpunkt, der vollkommen ist. Und um diese ultimative Mitte dürfen sich diejenigen sammeln, die unvollkommen sind. Leistungsbezogenheit dagegen lenkt uns von der vollkommenen Mitte, von Gott, ab und wirft den Blick zurück auf uns selbst. Denn letztlich ist nur Gott gut und vollkommen. Wenn wir dies verstanden haben und sich diese Wahrheit auch in unserem Herzen ausbreitet, werden wir gelassener. Eine christliche Gemeinde besteht aus Menschen, die um ihre Unvollkommenheit wissen. Sie definiert sich nicht nach Leistung, sondern durch Annahme. Deshalb sind wir eingeladen, Fehler zu machen, zu ihnen zu stehen und bestenfalls aus ihnen zu lernen.

Ich weiß genau, was richtig und falsch ist

Eng verwandt mit dem Perfektionismus ist eine Haltung, die in geistlichen Fragen genau zu wissen meint, was richtig und falsch ist. Menschen, die spirituell unterwegs sind, berufen sich häufig auf eine unhinterfragbare Grundlage, von der sie die wesentlichen Inhalte ihres Glaubens ableiten. Im christlichen Kontext ist das für evangelische Christen die Bibel, für katholische Christen die Bibel plus das Lehramt und im islamischen Raum der Koran. Im Judentum gibt es unterschiedliche Interpretationen, was verbindlich ist, aber ganz sicher die fünf Bücher Mose, die für alle praktizierenden Gläubigen als verbindlich gelten. Auch der Buddhismus kennt verbindliche Schriften. Lediglich der Hinduismus kennt derartige Vorgaben weniger.

Religion sucht Regeln, an denen sich die Menschen orientieren. Dies ist ein normaler Vorgang, der durchaus sinnvoll ist. Diese verbindlichen Vorgaben sind mehr als Spielregeln. Sie haben in aller Regel nicht nur einen verbindenden, sondern auch normativen Charakter. Christen nennen die Bibel deshalb „Heilige Schrift“. Den christlichen Kirchen gilt sie durchgängig als die verbindliche Norm im Leben von Christen. Und dies, obwohl bekannt ist, dass die Bibel eine Bibliothek ist, die im Laufe von über tausend Jahren entstanden ist, viele Autoren hat, teilweise auch in einer anderen Religion, dem Judentum, als Heilige Schrift gilt. Dass ein kleiner Teil der Schriften bis heute innerhalb der verschiedenen christlichen Kirchen unterschiedlich bewertet wird, ist ebenso bekannt.

„Heilige Schrift" meint aber letztlich, dass die Bibel von Gott selbst autorisiert und inspiriert ist. Zu allen Zeiten sind Gläubige davon ausgegangen, dass Gott durch diese Texte zu ihnen spricht und dass sie deshalb nicht nur relevant, sondern auch Maßstab für das Leben sind. Das ist nicht nur im Christentum so, sondern auch in anderen Religionen. Ich halte das für unproblematisch. Wir brauchen verbindliche Normen, Regeln für das Leben und gleichzeitig Zusagen, auf die wir uns verlassen können. Deshalb gibt der Glaube Halt, Stabilität und Gewissheit.

Die Rolle der Heiligen Schrift im Christentum ist komplizierter, als viele es wahrhaben möchten.

Im Islam geht man davon aus, dass der Engel Gabriel Mohammed den Koran wortwörtlich in einer Art Traum eingegeben hat. Menschen waren an dieser Offenbarung nicht beteiligt, etwa durch eigene Reflexion. Vielmehr war Mohammed alleiniger Empfänger und Übermittler der Botschaft von Allah. Der Koran ist deshalb vollkommen und in keiner Weise abänderbar. Dies gilt nach durchgängiger islamischer Lehrmeinung für alle Zeiten.

Im Christentum ist die Rolle der Heiligen Schrift komplizierter, als viele es wahrhaben möchten. Die Bibel ist über einen langen Zeitraum entstanden, wurde von Menschen geschrieben und in einer Art Bibliothek zusammengestellt. Die Entstehungsgeschichte ist nicht gesichert, und bis heute ist es Kernaufgabe der Theologen, sie genauer zu erforschen. Etwas vereinfachend gesagt: Die Texte liegen vor, aber die genaue Entstehungsgeschichte ist nur annähernd belegbar. Im vierten Jahrhundert nach Christus wurde die Bibel, wie wir sie heute kennen, abschließend zur Heiligen Schrift erklärt.

Dem gingen lange Auseinandersetzungen voraus. Und es gab viele weitere Schriften, die es nicht in den Kanon geschafft haben: etwa das Petrus- und das Thomasevangelium, die Offenbarung des Petrus, der Barnabasbrief oder die beiden Clemensbriefe. Über tausend Jahre später haderte der Reformator Martin Luther mit dem Jakobusbrief und der Offenbarung des Johannes, beließ sie aber in seinem Kanon. Kurzum: Die Entscheidung darüber, was als verbindliche Heilige Schrift in die Bibel, wie wir sie heute kennen, aufgenommen werden sollte, war schwierig, aber man hat sich schließlich geeinigt. Und bis heute gilt die Überzeugung, dass es letztlich ein Werk des Heiligen Geistes war, dass es so kam.

Kann man mit dieser Entstehungsgeschichte einer Heiligen Schrift gut leben? Ich denke schon. Kann man auf die Texte dann auch vertrauen? Sicher, denn sie haben sich in knapp 2000 Jahren in unzähligen Kulturen und Zeiträumen bewährt. Menschen aller Zeiten haben bestätigt, dass die Bibel ein durch und durch vertrauenswürdiges Buch ist.

Gleichzeitig ist es offensichtlich, dass sich Auslegung und Interpretation der Inhalte immer wieder ändern oder zumindest variieren. Afrikaner lesen die Bibel mit etwas anderen Betonungen als Deutsche, und Germanen im 12. Jahrhundert haben sicher anders über manche Passagen gedacht als ein postmoderner Mensch in New York im 21. Jahrhundert.

Deshalb ist es fragwürdig, wenn Menschen mit felsenfester Überzeugung davon ausgehen, dass gerade ihre Interpretation in Einzelfragen die einzig richtige und Gott wohlgefällige ist. Dass sie besser wissen als andere, was richtig und falsch ist. Es gibt eine Rechthaberei in Sachen Auslegung biblischer Schriften, die im Zweifel Gemeinden spaltet, Kirchen entzweit und der Sache des Glaubens in dieser Welt Schaden zufügt.

Natürlich sollen wir als spirituelle Menschen die Grundlagen unseres Glaubens ernst nehmen. Beliebigkeit in der Deutung ist keine gute Antwort auf die Frage nach einem angemessenen Verständnis. Hilfreich wäre aber statt Rechthaberei eine Haltung des Hinhörens, des Abklopfens, des meditativen Hörens auf die Texte, verbunden mit der Frage an Gott im Gebet, wie ich sie heute verstehen kann. Das kann gern begleitet sein davon, Kommentare und Auslegungen erfahrener Theologen zu lesen. Dabei sollte ich aber nicht nur solche Kommentare berücksichtigen, die aus demselben christlichen Raum stammen, aus dem ich selbst komme. Wer sich durch vertraute Auslegungen lediglich bestätigt wissen möchte, studiert die Bibel nicht ernsthaft. Ich habe in meinem Studium Auslegungen von Theologen gelesen, die mir sehr fremd und abwegig erschienen. Oft habe ich sie dann zur Seite gelegt, nicht selten habe ich aber auch Aspekte entdeckt, die mich positiv überrascht haben.

Entscheidend scheint mir deshalb zu sein, mit welcher Haltung wir diesen Texten begegnen. Wer schon vor dem Lesen eine abgeschlossene Meinung dazu hat, was richtig und was falsch ist, der wird von einem Text auch nicht mehr überrascht. Er ist festgelegt und sucht lediglich die Bestätigung dessen, was er ohnehin schon weiß. Das ist im besten Fall langweilig, es findet kein Wachstum mehr statt, und die Schrift wird banal. Man ist dann im Glauben nicht nur angekommen, sondern hat sich zur Ruhe gesetzt. Die Reise ist zu Ende. Das Wachstum ist auch beendet. Und das ist die größte Gefahr derer, die sich ihrer Sache zu sicher sind.

Neugier, Suche, Gespanntheit – das sollten Haltungen sein, die spirituelle Menschen antreiben, sich mit den Grundlagen des Glaubens zu beschäftigen.

Wenn ich wirklich auf die Texte der Bibel hören will, ist es wichtig, darauf zu achten, dass die eigene Deutung dem Gesamtzeugnis der ganzen Bibel nicht widerspricht. Es gibt eine unausgesprochene Mitte, eine gemeinsame Botschaft, die im Zentrum steht, und das ist die Liebe und Treue Gottes zu seiner Welt und ihren Menschen und die Botschaft der Versöhnung. Für Christen ist sie untrennbar mit der Person Jesus Christus verbunden.

Neugier, Suche, Gespanntheit – das sollten Haltungen sein, die spirituelle Menschen antreiben, sich mit den Grundlagen des Glaubens zu beschäftigen. Die Faszination eines Textes gemeinsam mit andern zu erschließen, ist ein Abenteuer, und auf den Gott zu hören, der uns immer wieder neu anspricht, ist eine Reise, die sich lohnt. Es bleibt im Umgang mit heiligen Schriften immer ein Rest an Verborgenheit, ein Geheimnis, das man nicht zu Ende ergründen kann. Deshalb ist diese Reise auch ein spannendes Abenteuer. Wer meint, genau zu wissen, wie alles zu verstehen ist und auch für alle anderen zu sein hat, überschätzt die eigenen Fähigkeiten und das eigene Wissen.

Spirituelle Menschen akzeptieren deshalb bescheiden, dass das eigene Wissen Stückwerk bleibt. Weder Beliebigkeit noch Besserwisserei sind Haltungen, die uns als geistliche Menschen auf unserem Lebensweg weiterbringen.

Im Hören auf den anderen, ja auch im Hören auf das Fremde, nährt sich gesunder Glaube. Und nur so bleibt er lebendig. Das erfordert Demut, und das ist die Haltung, mit der wir einer Heiligen Schrift angemessen begegnen können.

Das war schon immer so

Ich erinnere mich noch gut. Ich war verantwortlich in der Leitung eines christlichen Werkes mit einer langen Tradition. Es war ein Erbe aus der Erweckungszeit des späten 19. Jahrhunderts, und man spürte an vielen Ecken und Enden, dass man auf diese Tradition stolz war. Das Liedgut war traditionell, die Räume voll von ererbten antiken Möbeln, in den Nebenräumen stapelte sich das geerbte Silber verstorbener Generationen. Die Räumlichkeiten atmeten Herrschaftlichkeit, und ich meine mich noch zu erinnern, dass mir der erste Eindruck Respekt und auch etwas Ehrfurcht vor der Aufgabe einflößte.

Als neuer Direktor erhielt ich sogar eine Mailadresse mit Direktorentitel, was mir deutlich machte, dass es auch eine ausgeprägte Hierarchievorstellung gab. Ich arbeitete mich pflichtbewusst in die Aufgaben ein, lernte die Menschen und ihre Prägung kennen und schätzen. Wenngleich mir vieles fremd war und manches auch fremd blieb, entdeckte ich in den Traditionen auch einen Schatz. Es wurde mir deutlich, dass es leichtfertig gewesen wäre, wenn ich dem keine Wertschätzung entgegengebracht hätte. Die Verantwortlichen vor mir waren anders geprägt und lebten auch noch in anderen Vorstellungen.

Aber nun war eine neue Zeit angebrochen, und es war bald deutlich, dass das Werk neue Schritte in die Zukunft gehen musste, um zu überleben. Und so kam es zu Entscheidungen, die Veränderungen zur Folge hatten: Dinge, die immer gegolten hatten, wurden infrage gestellt. Natürlich nicht total und nicht alles auf einmal, aber Stück für Stück versuchten wir, uns einer neuen Zeit anzunähern. Ich erinnere mich noch gut an den Satz einer empörten Schwester, die mit ausgestrecktem Zeigefinger mir gegenüber deutlich machte, dass es völlig verfehlt sei, gerade an dieser Stelle etwas Neues auszuprobieren. Als sie mit ihrem Klagelied fertig war, fasste sie es mit der Aussage zusammen, die immer dann kommt, wenn Argumente nicht mehr tragen: „Und außerdem war das schon immer so!“ Sie hätte auch sagen können: „Das haben wir noch nie gemacht.“

„Das war schon immer so.“ Dieser Satz ist fatal, und er kann zerstörerisch für das geistliche Leben sein. Aber oft sind die Ansichten oder die Verhältnisse, um die es bei der Veränderung geht, Teil der Identität von Menschen geworden. Das Festhalten am Alten, das sich für diese Menschen bewährt hat, gibt Stabilität in Krisen, und rasch argumentiert man dann: „Andere haben schließlich auch schon Veränderung durchlebt und dennoch an alten Traditionen festgehalten.“ Es war eben immer so.

Sehr traditionelle Menschen haben oft Angst, dass ihnen ein Gerüst weggenommen wird, das sie hält und trägt. Die Hülle mag etwas steif und fest geworden sein, aber sie gibt auch Stabilität und schützt vor den Verunsicherungen der neuen Zeit. Denn die Zukunft ist ungewiss und unsicher. Die Tradition dagegen ist bewährt, denn sie schöpft aus der Erfahrung von Generationen.

Wie geht man mit dieser Verweigerungshaltung um? Wie kann man diese Frage spirituell lösen? Und wie gelingt es, die Menschen, die am Veränderungsprozess beteiligt sind und denen man ihn zumutet, nicht zu verlieren? Ich habe durch eigene Fehler gelernt, dass das nur dann gelingt, wenn man den Menschen, die von den Veränderungen betroffen sind, Wertschätzung entgegenbringt.

Wertschätzung ist die Münze,
die man einlöst, um Menschen auf dem Weg in eine
Veränderung mitzunehmen.

Man kann Veränderungen nicht durchsetzen, ohne zumindest den Versuch gemacht zu haben, Menschen auf dem Weg mitzunehmen und ihnen zu helfen, das Gute auch im Neuen zu entdecken. Und das gelingt nur durch Wertschätzung. Sie ist die Münze, die man einlöst, um Neuerungen und Veränderungen zu ermöglichen. Traditionelle Menschen spüren in solchen Zeiten, dass ihnen etwas Wertvolles verloren geht und dass das Gerüst, das ihr Leben stabilisiert, Stück um Stück abgebaut wird. Deshalb regt sich oft Widerstand bei Veränderungen. Es ist die

Angst vor dem Verlust der Sicherheit und die Ungewissheit angesichts des Neuen.

In einer solchen Situation braucht es Sensibilität und Feingefühl gegenüber allen Beteiligten, ohne deshalb die eigenen Überzeugungen aufzugeben oder zu verstecken. Ich habe erlebt, dass dieser Weg gelingen und scheitern kann. Es gab Menschen auf meinem Weg, die sich den Veränderungen gegenüber verschlossen haben und in eine Blockadehaltung übergegangen sind. Hier nachzugeben, wäre nicht geistlich gewesen.

Denn die Haltung, alles müsse beim Alten bleiben, weil „wir das noch nie anders gemacht haben", ist lebensfeindlich. Deshalb musste ich es hinnehmen, dass uns langjährige Mitarbeiter und Mitarbeiterinnen verlassen haben. Das war schmerzlich und heilsam zugleich. Es war heilsam, weil ich Widerstände aus dem Weg geräumt hatte und mich freier fühlte, so zu agieren, wie ich es für richtig hielt. Gleichzeitig spürte ich als Seelsorger und verantwortlicher Leiter den Schmerz einer zerbrochenen Beziehung. Wir waren aneinander gescheitert, und anscheinend war das unvermeidlich gewesen. Welcher spirituell sensible Mensch kann so etwas schon mit einer Handbewegung vom Tisch wischen? Nein, Trennungen bleiben Trennungen, auch wenn sie notwendig und letztlich auch befreiend sein können. Wertschätzung ist eine Haltung, die sich gerade in solchen Situationen bewährt. Dass man Menschen weiterhin offen begegnet, sie wertschätzend bis zum Abschied begleitet, sie ehrt für das, was sie bewegt und erreicht haben, und dass man keine Regung des heimlichen Triumphs aufkommen lässt.

Bei aller Wertschätzung und Sorgfalt muss dennoch deutlich sein: Sätze, die die Entfaltung des Lebens behindern, müssen entlarvt werden. Sie tragen nicht, sie helfen nicht, sie bringen uns nicht in die Zukunft, und sie versperren den Weg für geistliche Aufbrüche. Der Satz „Das war schon immer so“ ist ein schlechter Satz. Er hilft niemandem, er ist kein Argument für nichts, er erdrückt alles Neue, er zementiert Verhältnisse und legt uns fest, er verbietet, befreit zu handeln, geschweige denn zu experimentieren. Denn er sagt ja auch, dass es gefälligst so bleiben muss, wie es war.

In religiösen Systemen tun sich Menschen oft schwer mit Veränderungen. Denn das Bestehende verkörpert ein geistliches Erbe, das einen eigenen Wert hat.

In religiösen Systemen tun sich die Verantwortungsträger häufig sehr schwer mit Veränderungen. Denn das Bestehende verkörpert ein geistliches Erbe, das einen eigenen Wert hat. Das gilt es zu schützen. Man kann diese Haltung in nahezu allen christlichen Bewegungen finden. Im Protestantismus ist es das verkrampfte Festhalten an einer überkommenen Liturgie mit Orgelmusik, die über 90 Prozent der Menschen heute laut einer Umfrage nicht schätzt. Aber Orgel muss sein. Moderne Popmusik im Regelbetrieb? Die Mehrheit der Kirchenmusiker würde sich entsetzt abwenden. Niemals. Das haben wir noch nie gemacht, außerdem war das schon immer so, dass die Königin der Instrumente einen deutschen protestantischen Gottesdienst dominiert. Ausnahmen lässt man zu, das Exotische darf durchaus einmal sein, aber dann kehrt man doch gern zur gewohnten Routine zurück. Und auch wenn die Liturgie und ihre Worte aus einer anderen Zeit stammen, so passt man sie doch nur sehr zaghaft an die sich verändernden Bedürfnisse der Menschen an, weil ... – ja, warum eigentlich?

Man könnte an dieser Stelle zahlreiche Beispiele aus vielen Frömmigkeitsrichtungen anfügen, aber das ist nicht nötig. Hinter all der Abwehr steht die Angst, etwas Vertrautes und Liebgewonnenes zu verlieren, ohne dass man schon etwas Neues kennt, das sich bewährt hat. Aber Angst und Unsicherheit sind keine spirituellen Haltungen, sie hemmen die Entwicklung hin zu neuen Wegen.

Wenn Traditionen das Wachstum behindern, müssen sie überdacht werden. Man muss nicht das Kind mit dem Bade ausschütten. Aber Traditionen müssen den Menschen dienen und nicht umgekehrt. Sie müssen das Feuer wachhalten, das im tiefsten Inneren des Glaubens glüht. Wenn dieses Feuer verglüht und zu Asche geworden ist, wird es Zeit, sich an neuen, anderen, lebendigen Feuern zu wärmen und nicht die Asche anzubeten.

Traditionen müssen den Menschen dienen und nicht umgekehrt. Sie müssen das Feuer wachhalten, das im tiefsten Inneren des Glaubens glüht.

Was also tun, wenn der Satz „Es war schon immer so" nicht mehr gelten soll? Dann müssen wir ihm neue Glaubenssätze entgegenstellen. Ermutigende Bilder, die nach vorne weisen. Die einen Raum in die Zukunft eröffnen und Hoffnung ausstrahlen. Die Lust machen, Neues zu entdecken: Lasst uns gemeinsam neue Wege gehen. Lasst uns Neuland erobern. Lasst uns neugierig auf die Zukunft sein. Wir können es noch einmal neu versuchen. All das hat eine andere Melodie und weist nach vorne. Der Satz „Das war schon immer so" weist in die Vergangenheit. Er ist rückwärtsgewandt. Als spirituelle Menschen sollten wir Entdeckerfreude und Lust an Neuem wecken, denn Gott ist ein Gott, der immer wieder neues Leben weckt.

Der Urvater des christlichen Glaubens, Abraham, ist ein gutes Beispiel für dieses Vertrauen, das nach vorne weist. Es ist eine Haltung, die uns in den Aufbrüchen und Veränderungen unseres Lebens hilft, sichere Schritte zu gehen. Dieses Vertrauen ist eine Haltung, die uns weitergehen lässt und auch in Krisen trägt.

Ich kann mein Leben an die Wand fahren, der liebe Gott wird's schon richten

Es ist interessant zu beobachten, wie sich Spiritualität wandelt. Wenn ich weit zurückdenke in meine Jugend, dann habe ich immer noch damalige Vorbilder vor Augen, die sehr eindeutig, sehr direktiv und nicht selten mit einer gewissen Gesetzlichkeit vom lieben Gott gesprochen haben, der im Zweifel auch einmal nicht so lieb sein konnte. Das hielt uns damals bei der Stange, und wir dachten, das gehöre eben dazu, wenn man christlich leben wollte. Es klang ein bisschen wie Zuckerbrot und Peitsche, und man war sich nie ganz sicher, ob man nicht doch mit einem überzogenen Konto vor dem Allmächtigen stand. Rote Zahlen hatte er nämlich nicht gerne.

Das ist lange her, und diese Art von Verkündigung scheint mir vergangen zu sein. In den letzten Jahren hat sich ein Umschwung vollzogen, der bemerkenswert ist. Aus dem Bankdirektor ist ein gütiger Vater geworden, der allzu gern beide Augen zudrückt und die Dinge nicht so genau nimmt. Die Liebe Gottes ist weich und warm, wie Wind und Wolken, und der Glaube gleicht einer Kuschelecke, in der man es sich gemütlich einrichtet, sich fallen lässt und einfach sein darf.

Glaube hat sich zu einer Art
Latte-macchiato-Spiritualität mit viel Schaum
und wenig Substanz entwickelt.

Weh tut dieser Glaube nicht mehr, er fordert auch nicht wirklich heraus, vielmehr tut er jetzt einfach nur noch gut. Er bereichert, denn Gott ist in die Rolle des Weihnachtsmanns geschlüpft, der uns beschenkt. Er teilt Gaben aus und lässt Früchte nahezu automatisch wachsen. Du musst nur offen sein. Halte deine leeren Hände hin. Die Spiritualität kostet nichts, sie bereichert dein Leben und hilft bei der Entfaltung der eigenen Möglichkeiten und Potenziale. Der richtige Satz „Gott liebt dich, wie du bist" wird unausgesprochen erweitert zu der Aussage: „... und du darfst auch sein, wie du möchtest." Ethische Anforderungen, die eigentlich jede Form des Glaubens im Gepäck hat, wurden auf ein Minimum reduziert oder ganz eingepackt und weggeräumt. Man möchte auf keinen Fall mehr gesetzlich erscheinen, und außerdem muss jeder selbst wissen, was ihm oder ihr guttut. Glaube hat sich zu einer Art Latte-macchiato-Spiritualität mit viel Schaum und wenig Substanz entwickelt. Er schmeckt immer, bereichert den Alltag, ist im Zweifelsfall aber auch nicht entscheidend. Es ginge auch ohne.

Natürlich habe ich hier etwas überzeichnet. Und ich bin auch froh, dass wir gewisse Formen der Verkündigung hinter uns gelassen haben, die unnötigen Druck erzeugt haben. Aber mehr und mehr bestätigt sich mein Verdacht, dass für viele Menschen heute Spiritualität einem Wellnessangebot für die Seele gleicht, das nicht mehr etwas kosten darf, für das sich aber auch kaum ein Einsatz lohnt – und das damit auch nichts mehr wert ist. Es ist eine ebenso nebensächliche Staffage geworden wie der Buddha aus dem Baumarkt, den man sich ins Regal stellt. Irgendwie möchte man spirituell unterwegs sein, und macht man das nicht gerade so? In jedem Wellnessbad steht er ja auch ...

Gesunde Spiritualität hat mit dem Heiligen zu tun, mit dem „ganz Anderen", mit einer Wirklichkeit, die sich nicht passgenau einschmiegt in unsere Welt. Einer Wirklichkeit, die uns und die Art, wie wir leben, auch infrage stellen darf. Die uns herausfordert, ohne zu überfordern. Die uns prägen und verändern möchte, damit wir zu reifen Menschen werden, die mit beiden Beinen im Leben stehen und ihren Alltag meistern. Zu Menschen, die Verantwortung übernehmen.

Es ist eben nicht egal, ob ich durch mein Verhalten Schaden anrichte oder nicht. Ob ich Menschen durch meinen Egoismus verletze und meine Beziehung an die Wand fahre oder nicht. Es ist vielmehr Ausdruck eines infantilen, unreifen Glaubens, wenn ich meine, tun und lassen zu können, was ich will, weil das keine Rolle spielt.

Gesunde Spiritualität benützt Gott nicht berechnend, um die Fehler und Irrwege auszugleichen, die ich begehe und beschreite. Gott ist kein Lückenbüßer, der immer bereitsteht, wenn ich Schaden anrichte. Nein, ein gesunder und reifer Glaube vertraut zwar, dass Gott trägt und auffängt, wenn etwas in meinem

Leben schiefgeht. Aber er strebt auch immer nach einem Verhalten und verantwortungsvoller Lebensgestaltung.

Es ist gesund, danach zu streben, gesunde Beziehungen zu leben und meinen eigenen Wertvorstellungen gemäß zu handeln. Es ist nicht egal, ob ich meine freie Zeit mit sinnfreien Videos vergeude, anstatt mich für Menschen einzusetzen, die meine Hilfe oder Nähe gut gebrauchen könnten. Es spielt eine Rolle, ob ich mich für Ausgegrenzte und Benachteiligte einsetze oder nicht. Glaube ist kein Wellnessbad. Glaube ist eine Wirklichkeit, die den Menschen in das Bild verwandelt, das Gott von ihm hat. Und damit ist Glaube ein Weg der Veränderung. Wir werden auf diesem Weg zu erneuerten Menschen, die natürlich ihre Potenziale entfalten sollen. Aber es ist auch ein Weg des Wachstums, das immer auch mit Wachstumsschmerzen verbunden ist. Und gelegentlich ist es auch ein Leidensweg. Verwandlung erfolgt nicht ohne Sterben. Bevor neues Leben aufblüht, muss Altes vergehen. Deshalb ist der Satz „Egal, was ich mit meinem Leben mache, Gott wird es schon richten" ein ungesunder Satz. Er bringt uns nicht weiter auf der Reise. Er verhaftet uns in unserem So-Sein und So-Bleiben. Und das war noch nie ein gutes Rezept für ein gelingendes Leben.

---

*Gesunde Spiritualität hat mit dem Heiligen zu tun,
mit dem „ganz Anderen", mit einer Wirklichkeit,
die sich nicht passgenau einschmiegt in unsere Welt.*

Gesünder, optimierter, siegreicher: Gibt es Glauben grenzenlos?

Es gibt eine Form der Spiritualität, die das Leiden aus unserem Leben entfernen möchte. Sie hat unterschiedliche Ausprägungen und kann als Gesundheitsreligion, als grenzenloser Erfolgsglaube und als Selbstoptimierung daherkommen. Alle drei Formen haben eines gemeinsam: Sie setzen Menschen unter Druck. Sie erwecken den Eindruck, dass es keine Grenzen gibt. Sie akzeptieren nicht, dass unser Leben endlich und brüchig bleibt. Deshalb muss man genau hinschauen, ob die Grundannahmen dieser Lebenshaltungen stimmen.

Die *Gesundheitsreligion* unserer Tage hat spirituellen Charakter angenommen. Ein Arzt hat vor etlichen Jahren mit dem Slogan „forever young" unendlich viel Geld gemacht und Millionen von Fans gewonnen. Er hat den Eindruck erweckt, dass man mit ausreichend viel Sport und entsprechenden Substanzen, die man bei ihm bis heute erwerben kann, für immer jung bleibt. Ein Fahrradunfall mit dramatischen Folgen hat dem kerngesunden Sportler einen Strich durch die Rechnung gemacht; heute ist er schwerbehindert, erweckt aber immer noch den Eindruck von Unsterblichkeit. Seine Anhänger sind ihm treu geblieben. Sie glauben einfach an das, was er zu sagen hat.

Stellen wir uns einmal vor, wie das wäre, wenn wir für immer jung blieben und auf ewig leben könnten. Wäre das erstrebenswert? Spätestens nach dreihundert Jahren Lebenszeit hätten wir Menschen aus dem privilegierten Westen jeden Winkel dieser Erde bereist, alle Geheimnisse entdeckt, jedes Essen gekostet und alle Bücher ausgelesen. Uns bliebe nichts mehr als der Alltag der ewigen Wiederholung desselben Lebens.

Ist es nicht vielmehr so, dass gerade unsere Begrenzung und Endlichkeit dem Leben seinen Sinn und Reiz geben? Der Urlaub hat doch gerade darin seinen Reiz, dass er auch zu Ende geht. Das Fest lebt davon, dass es einen Höhepunkt im Alltagstrott darstellt, und nicht davon, dass das Bankett endlos weitergeht. Die Besteigung eines Berges erfordert eine begrenzte Anstrengung, und nach dem besonderen Glücksgefühl auf dem Gipfel kommt der Abstieg. Grenzenlosigkeit ist nichts anderes als Maßlosigkeit, und dafür sind wir Menschen nicht geschaffen. Davon abgesehen leben sehr viele Menschen ein Leben, das schwer und leidvoll ist. Ist es nicht tröstlich zu wissen, dass auch das Leid ein Ende nimmt und das Leben für den, der glaubt und Gott vertraut, auf ein gutes Ziel zuläuft?

Gerade die Begrenzung und Endlichkeit des Lebens tragen zu seinem Sinn und Reiz bei.

Dennoch ist die Gesundheit das höchste Gut für uns Deutsche. Die Zeitschriften sind voll von Werbung für Gesundheitsprodukte, und im Fernsehen hat man den Eindruck, dass auch Ältere immer jünger aussehen. Diese Best Ager genießen das Leben, sehen gut aus und sind wahre Sportskanonen. Das wäre für sich genommen eigentlich eine großartige Botschaft, sie ist aber leider nicht wahr. Richtig ist, dass wir Menschen noch nie so gesund waren wie heute. Es gab noch nie so viel Medizin wie in der westlichen Welt des 21. Jahrhunderts. Richtig ist aber auch, dass bei allen Menschen ab der Mitte des zweiten Lebensjahrzehnts ein unabänderlicher organischer Abbau stattfindet, dem sich kein Mensch entziehen kann und den jeder – mehr oder weniger stark – zu spüren bekommt. Man kann ihn hinauszögern, und es ist nur vernünftig, sich eine Lebensweise anzugewöhnen, die der Gesundheit förderlich ist. Aber auch unsere Gene legen uns auf gewisse Anfälligkeiten fest. Natürlich sollen wir gesunde und biologisch gut angebaute Lebensmittel zu uns nehmen, den Alkohol- und Tabakkonsum in deutlichen Grenzen halten und uns so viel bewegen wie nur möglich. Schon der römische Dichter Juvenal sagte vor zweitausend Jahren: „Mens sana in corpore sano." In einem gesunden Körper wohnt ein gesunder Geist.

Die wichtige Frage lautet: Warum vergöttern heutige Menschen die Gesundheit? Warum ist sie zum wichtigsten Gut des Lebens geworden? Ich vermute, das hat mit der zurückgehenden religiösen Bindung der Menschen in unseren Breitengraden zu tun. Die Menschen des Mittelalters wussten, dass sie mit 40 oder bestenfalls 50 Jahren Lebenserwartung zu rechnen hatten, danach aber ins Paradies gehen und bei Gott sein würden. Das Leben wurde als eine Probe für die Ewigkeit verstanden und stand in einem größeren Zusammenhang. Heute gibt es für die überwältigende Mehrheit keine Ewigkeit mehr. Nach dem Tod ist alles aus. Deshalb muss man so lange wie möglich gesund bleiben, das Leben auskosten und ausweiten, denn danach ist Schluss. Mangels Ewigkeitsperspektive wurde für viele die Gesundheit zu einer Religion des Diesseits.

Gesundheit ist wichtig, und wer mit Schmerzen leben muss, leidet an ihnen. Es ist schön und erstrebenswert, gesund zu leben und seine Gesundheit zu erhalten. Aber es ist der Gesundheit ebenso abträglich, sie zu überhöhen, sich beständig zu fragen, ob man wieder etwas falsch gemacht hat, was womöglich der Gesundheit schade. Gesundheit hat ihren berechtigten Raum im Leben, sie ist aber keine Religion. Sie ist nicht alles und sollte es auch nicht werden. Sie ist auch nicht das Wichtigste. Hauptsache gesund? Ich würde sagen: Nein!

Mangels Ewigkeitsperspektive wurde für viele die Gesundheit zu einer Religion des Diesseits.

Neben der Gesundheit hat auch die *Selbstoptimierung* religiöse Züge angenommen. Gnadenlos zwingt sie uns in ein Leistungssystem, dem wir uns zu unterwerfen haben. Selbstoptimierung beschreibt das Bestreben, sich permanent und beständig in allen Lebensbereichen zu verbessern und die möglichst beste körperliche und mentale Verfassung zu erreichen. Gerade in unseren Großstädten hat man den Eindruck, dass sich moderne Menschen in einer Weise darstellen, die der normale Bürger nie erreichen kann. Die Ratgeberliteratur ist grenzenlos und deckt alle Lebensbereiche ab: neben gesunder Ernährung – bei der sich die Trends im Monatsrhythmus abwechseln – sind ebenso ständig wechselnde Fitnessprogramme en vogue. Zeitplanungssysteme finden auch noch die letzten Freiräume, die man effektiver und sinnvoller nutzen sollte, um sein Potenzial auszuschöpfen. Die Fitnessuhr erfasst die nötigen Schritte, die man gefälligst täglich zu absolvieren hat. Und wenn man abends erschöpft auf das Sofa sinken möchte, sollte man wenigstens noch einige Runden Sudoku spielen. Nicht etwa, weil es Spaß macht, sondern vielmehr zum Erhalt der geistigen Fitness.

Das Streben nach Selbstoptimierung kann fundamentalistische Züge annehmen. Man muss das Beste aus sich herausholen, und wenn man den Eindruck hat, es sei genug, dann steht dennoch die Frage im Raum: Geht nicht doch noch etwas? Wer sich dann, so wie ich gelegentlich, gedankenlos eine Pfeife anzündet, muss eigentlich ein schlechtes Gewissen haben. Das geht ja gar nicht!

Die Selbstoptimierung gleicht in ihrer Bedingungslosigkeit einem Wahn. Wer nicht das Maximum aus sich herausholt, wer sich gelegentliche Schwächen erlaubt, ist am Ende selbst schuld, wenn er krank wird. Hätte man gesünder gelebt, wäre das nicht passiert. Deshalb streng dich an, nimm noch zwei Kilo ab, drehe eine Runde mehr im Wald, lies noch dieses gute Buch und informiere dich über die wichtigsten Neuigkeiten, damit du nicht nur mitreden, sondern ganz vorn dabei sein kannst.

Die Suche nach dem perfekten Ich macht vor allem eines: unglücklich. Denn Perfektion gibt es bei uns Menschen nicht. Wir erreichen höchstens eine Annäherung daran. Ich finde, es wäre an der Zeit, uns den wirklich wichtigen Fragen zu stellen und uns an unsere spirituellen Wurzeln zu erinnern: Wo kommen wir her, wo gehen wir hin, was treibt uns an und was nicht? Wer in Gott gegründet ist, hat Boden unter den Füßen und kann damit leben, dass vieles nicht optimal ist. Deshalb: Ein Hoch auf die Bruchstückhaftigkeit, ein Hoch auf das Fragment.

Selbstoptimierung und die Verheißung grenzenlosen Glücks gibt es auch in christlichem Gewand. Es ist die religiös begründete Vorstellung, dass Schwierigkeiten immer zu lösen und Hindernisse immer zu überwinden sind. Gott erscheint als der Problemlöser schlechthin, der auf alle Fragen die passende Antwort bereithat.

Ich sitze in einem sehr gut besuchten Gottesdienst in einem modernen Auditorium. Um mich herum gut gelaunte, ja ausgelassene Menschen. Moderne Lobpreismusik dröhnt mir entgegen, schick gekleidete Musiker liefern den perfekten Sound und ich denke: So kann Kirche auch aussehen. Es gibt also doch mehr als traditionelle Gebäude, Weihrauch und Gewänder. Irgendwie fasziniert mich der Stil, denn er spricht viele jüngere Menschen an, die traditionelle Gemeinden kaum erreichen. Und das sollte aller Anerkennung wert sein. Schließlich kritisieren wir zu gern und zu viel.

Die Suche nach dem perfekten Ich macht vor allem eines: unglücklich. Deshalb setze ich dagegen: Ein Hoch auf die Bruchstückhaftigkeit, ein Hoch auf das Fragment.

Als dann der Prediger auftritt, ist das Publikum erwartungsvoll gespannt. Er spricht mitreißend, gekonnt und sehr lebendig. Immer wieder holt er sich die Bestätigung vom Publikum, indem er sein Mikro in die Menge schwenkt, die ihm dann ein lautes „Amen" zuruft. Seine Botschaft ist klar und eindeutig: Du kannst tun, was Jesus getan hat. Du schaffst das. Du bist stark und hast Vollmacht. Wenn du krank bist, dann heilt dich Jesus. Du musst ihm nur vertrauen, und das total. Er möchte nicht, dass du leidest. Glaube nur daran. Immer wieder wiederholt er diese Botschaft und unterfüttert sie mit lebendigen Beispielen und eindrucksvollen Bildern von Wundern, die er erlebt hat. Ich möchte ihm das gern glauben – wer bin ich, seine Aussagen in Zweifel zu ziehen? Die Zurufe aus dem Publikum steigern sich, und die Stimmung wird geradezu ausgelassen. Gegen Ende des Gottesdienstes können sich alle unter einen speziellen Segen stellen, um in Vollmacht und Kraft zurück in den Alltag zu gehen.

Mich hat diese Veranstaltung beeindruckt. Und zugleich wurden Fragen aufgeworfen. Beeindruckt war ich, weil ich hier erlebt habe, dass ein spiritueller Raum geschaffen wurde, in dem Menschen in ihrer Lebenssituation abgeholt und in ihren Fragen angesprochen wurden. Sie haben in dieser Gemeinde eine Heimat gefunden, die sie vermutlich in einer traditionellen Form von Gottesdienst niemals gefunden hätten. Und das hat mich gefreut. Ich möchte nicht vorschnell mein Urteil über Formen finden, die mir weniger liegen, das ist nicht fair.

Zugleich blieb bei mir ein schaler Geschmack zurück. Ich habe mich gefragt, wie es der alleinerziehenden Mutter wohl ging, die ihren Alltag kaum bewältigt, sich mit Alltagsproblemen wie Krankheit der Kinder, Sorge um eine angemessene Betreuung, Zeitdruck und Überlastung hindurchkämpfen muss, und das alles bei knappster Kasse. Oder der Person, bei der eine bösartige Geschwulst entdeckt wurde und die nun davon ausgehen muss, dass eine schmerzhafte und langwierige Behandlung bevorsteht. Werden sie alle geheilt? Lösen sich die Probleme auf? Nimmt Gott ihnen die Schwierigkeiten einfach ab? Oder, und dann wäre das schon richtig gefährlich, sind sie am Ende vielleicht selbst schuld an diesen Problemen, weil sie nicht genug geglaubt haben?

Ich schenke den Heilungswundern der Bibel gerne mein Vertrauen. Wenn es einen Gott gibt, dann kann er selbstverständlich Menschen heilen. Schließlich ist er Gott. Und aus der Geschichte des Christentums weiß ich, dass bis heute Menschen diese Erfahrung machen. Wie schön!

Problematisch wird es allerdings dann, wenn Menschen durch solche Erfahrungen und Berichte unter Druck gesetzt werden. Ich halte es für falsch, wenn der Faktor „Erfolg" in Sachen Spiritualität eine Rolle spielt. Denn das ist eine Kategorie, die nicht zu der Person des Jesus von Nazareth passt. Jesus hat sich Menschen zugewendet und sie zurück in die Beziehung mit Gott gebracht. Und er hat nicht wenige Menschen geheilt. Aber nicht alle Menschen wurden zu seiner Zeit gesund. Und nicht nur er, sondern auch viele seiner Jünger wurden am Ende des Lebens schmachvoll hingerichtet. Im Leiden hat sich das vollzogen, was Grund und Ursache für unseren Glauben geworden ist. Und das müssten wir mitbedenken, wenn wir darüber sprechen, was den Glauben eigentlich überzeugend macht. Gesund wäre es, wenn beides nebeneinanderstünde: der Bericht einer Person, die eine besondere Zuwendung erfahren hat und von einem Leiden befreit wurde. Und dann auch der Beitrag von anderen, die trotz Leid, Einsamkeit und schwerer Lebensphasen die Erfahrung von Trost und Geborgenheit gemacht haben. Einseitigkeiten bringen uns nicht weiter, und halbe Wahrheiten sind oft ganze Lügen.

Wenn der Faktor „Erfolg" in Sachen Spiritualität eine Rolle spielt, ist Vorsicht geboten.

Wir dürfen uns immer vertrauensvoll in allen Fragen des Lebens an Gott wenden und Vertrauen wagen. Aber Erfolg ist eine Kategorie, die hier nicht angemessen ist. Glaube erweist sich nicht dadurch als wahr, dass er „funktioniert" – im Sinne einer Pauschalversicherung gegen alle Unbill des Lebens. Im schlimmsten Fall macht diese Form von Spiritualität krank, denn sie kann nicht einlösen, was sie verspricht. Leid, Krankheit und auch der Tod gehören zu unserem Leben dazu.

Glaubenssätze, die Dinge versprechen, die auf Dauer nicht einzuhalten sind, oder Bilder malen, die überzeichnet sind, behindern das Wachstum. Sie erzeugen eine Scheinwirklichkeit, eine Blase, die unrealistisch bleibt. Wir bräuchten zumindest Kriterien, an denen wir solche Aussagen messen. In aller Regel sind das absolute Aussagen, die keine Zweifel offenlassen, die zentrale Realitäten des Lebens wie Tod, Trauer, Schmerz, Krankheit etc. ausblenden. Denn diese Wirklichkeiten erfährt jeder im Leben irgendwann, und gerade hier entfaltet der Glaube seine größte Kraft und Verheißung. Nämlich das Versprechen, dass uns Gott gerade dort nahe ist, wo wir im dunklen Tal sind.

Was gesund ist, ist auch geerdet, hat mit dem Leben in allen seinen Facetten zu tun und stellt sich auch der kritischen Reflexion. So können wir als Menschen reifen und wachsen und unseren Alltag bestehen.

Als reife und spirituelle Menschen ist es an uns, wachsam dafür zu sein, wenn Glaubenssätze ungesund sind und uns nicht weiterbringen. Reifer Glaube hält sich an das, was zum Wachstum und zur Entfaltung beiträgt. Alles andere müssen wir abstreifen und hinter uns lassen.

Ein Fazit

Ja, es gibt in der Tat krank machende Spiritualität. Sie erstickt auf Dauer den Glauben, der uns in die Freiheit der Kinder Gottes führen möchte. Es gibt Formen von Autorität, auch von verwalteten Strukturen, die die Kraft und Dynamik des Glaubens eindämmen und begrenzen. Sie behindern das Leben, das Gott sich für uns Menschen wünscht. Nicht die Macht ist schlecht, sondern der Missbrauch von Macht. Nicht die Strukturen sind falsch, sondern eine geistlose Verwaltung, die keinen Raum mehr für die verändernde Kraft des Evangeliums hat. Falsche Glaubenssätze aus der Kindheit prägen oft ein Leben lang. Es ist bedrückend zu sehen, dass sich viele Menschen dann im Erwachsenenalter bei anderen spirituellen Angeboten bedienen, die es auf dem Markt gibt. In einer pluralen Gesellschaft blüht auch dieser Raum mit vielen esoterischen, fernöstlichen und alten kultischen Angeboten. Menschen sind auf der Suche nach einem tragfähigen Grund, den sie bei dem Gott des christlichen Glaubens nicht mehr gefunden haben. Das beweist, dass die Mehrheit der Menschen religiös ist und auf der Suche nach Sinn bleibt. Aber es beantwortet noch nicht die Frage, ob der Grund, den sie finden, tragfähiger ist als das Erbe, auf dem wir stehen.

Wünschenswert wäre es, wenn sich geistliche Menschen auf der Suche nach einer geerdeten Spiritualität für den Alltag auch den schwierigen Seiten ihres Glaubens stellen könnten. Wir brauchen den Mut zur Ehrlichkeit. Denn ein Weg nach vorn ist nur dann möglich, wenn Hindernisse aus dem Weg geräumt sind.

Glaube braucht Räume der Freiheit, des Mutes und der Veränderung.

Glaube braucht Räume der Freiheit, des Mutes und der Veränderung. Nur so kann er sich entfalten und Menschen den Horizont eröffnen, der das Leben reich und spannend macht. Menschen in Verantwortung sollten alles dafür tun, dass diese Räume des Glaubens hell und warm leuchten, sodass sie Menschen anziehen und sie die Tür aufmachen und gern am Tisch Platz nehmen. Denn er ist reich gedeckt, es gibt Wein und gut zu essen. Wir lachen und freuen uns an der Gemeinschaft, am Schalom Gottes. Dieser Raum tut uns gut. So hat sich Gott das gedacht: dass wir, seine Kinder, in seiner Nähe aufatmen und das Leben haben.

Teil 3
Was uns hält und was uns trägt

Sie, liebe Leser, haben mit mir nun eine längere Reise unternommen. Im ersten Teil ging es um den Aufbruch in ein Leben, das von einer natürlichen und geerdeten Spiritualität geprägt ist. Wir sind auf dieser Reise durch viele angenehme Regionen gekommen. Es war wie bei einer Wanderung, die ich mit einem Freund unternommen habe. Wir gingen von einem Strand in Griechenland zu Fuß zurück zu unserer Unterkunft. Wir wussten, es wird eine mehrstündige und auch anstrengende Tour. Zunächst mussten wir einen recht steilen Fußweg auf ein Plateau bewältigen, der uns einige Mühe kostete. Oben angekommen, entdeckten wir zu unserer Überraschung, dass eine fruchtbare Gegend vor uns lag. Wir fanden uns inmitten von Obstplantagen wieder. So wanderten wir durch Orangen- und Zitronenhaine und kamen an Granatapfelstauden vorbei, deren Früchte glänzend wie Weihnachtskugeln schwer an den Ästen hingen. Wir streiften durch ausgedehnte Olivenhaine und Gemüsefelder. Was für ein Reichtum, was für eine unerwartete Erfahrung. Nie hatten wir damit gerechnet, dass wir einem solchen Ausblick begegnen würden.

Vielleicht ging es Ihnen auch so wie uns auf unserer Wanderung. Vielleicht sind Sie an einzelnen Themen oder Sätzen hängen geblieben, die sich als gute Impulse für Ihr Leben erwiesen haben. Sind sie gesund, dann dienen sie Ihrem Leben, Ihrer Entwicklung und Ihrer Reife. Nun gilt es, diesen Impulsen nachzugehen, deren Früchte abzuwarten, sie zu pflücken, zu kauen und zu verdauen, damit sie Teil Ihres Lebens werden.

Zu einer Wanderung gehören aber nicht nur die fruchtbaren Landschaften, sondern auch die schroffen Felsen, enge Täler, Abgründe und der eine oder andere Misthaufen, an dem man vorbeikommt. Wir wandern nicht durch Paradiese, sondern durch irdische Regionen mit allem Schönen und weniger Schönen. So ist das Leben, und in dieser Ganzheit sollten wir es sehen.

Wie tragfähig ein Glaube ist,
zeigt sich weniger an den Höhepunkten,
sondern vielmehr an den Bruchstellen des Lebens.

Nun wagen wir einen Ausblick in die Zukunft. Alltagsspiritualität hat mit den Niederungen unseres Lebens ebenso zu tun wie mit den Höhepunkten. Letztere sind in der Regel etwas seltener, sonst wären sie keine Höhepunkte. Es muss darum gehen, dass sich Wahrheiten und Erkenntnisse, die wir vielleicht an Höhepunkten gewonnen haben, praktisch in unserem Alltag verankern, sodass sie in allen Phasen unseres Lebens tragen. Sonst bleiben sie lediglich schöne Ideen, bringen uns aber letztlich nicht voran. Zweitens möchte ich das Gesagte noch einmal verdichten unter der Fragestellung: Was sind die wenigen und zentralen unaufgebbaren Wahrheiten im Leben, die uns als spirituellen Menschen Halt geben bis über die Schwelle unseres Lebens hinaus? Was trägt im Leben und im Sterben? Denn gesunder Glaube ist tragfähiger Glaube, und der zeigt sich weniger in den Höhepunkten als vielmehr an den Brüchen unseres Lebens.

Ja sagen zu unserer Endlichkeit

Spiritualität bekommt dann eine Bedeutung für unser Leben, wenn sie sich im Alltag bewährt. Wenn sie kein Schattendasein führt, sondern integriert ist in die Abläufe unseres Lebens, wenn sie Teil unseres Denkens geworden ist und sich in unserm Tun ausdrückt. „Beten und Tun des Gerechten", darin, so drückt es Dietrich Bonhoeffer aus, muss sich Christsein erweisen. Wir hören im Gebet auf das oft leise Reden Gottes und lassen die Tat folgen, den Einsatz für Gerechtigkeit und für die Menschen, die unsere Hilfe brauchen.

Wenn der Glaube sich im eigenen Leben bewährt hat, dann trägt er auch an den Grenzen des Lebens.

Unser Leben ist endlich, das wissen wir. Aber es fällt uns schwer, dies im Blick zu behalten. Denn alles um uns herum sagt laut das Gegenteil: Forever young! Du schaffst alles, bis ins hohe Alter. Dass dies nicht stimmt, ist offensichtlich. Deshalb fragen wir uns, wie wir uns mit unserer Endlichkeit versöhnen können. Es geht um das Leiden und den Tod. Wie lernen wir es, sie als einen schöpfungsgemäßen Teil unseres Lebens zu betrachten auf einem Weg, der von diesem Leben übergeht in die vollendete Gemeinschaft mit Gott?

Die großen Philosophen der Antike haben sich ebenso mit diesen Fragen beschäftigt wie die Bibel. Die gesamte Kirchengeschichte ist durchzogen von der Auseinandersetzung mit dieser existenziellen Frage. Denn diese Fragen sind letztlich unausweichlich. Irgendwann müssen wir uns ihnen stellen und Antworten darauf suchen und – hoffentlich – finden.

Im Blick auf das Leid gibt es im christlichen Glauben im Grunde zwei Strömungen. Die eine beschäftigt sich mit der Überwindung von Leid durch das Phänomen der Heilung und betont dies in Gottesdiensten und im praktischen Handeln. Die andere sucht Hilfen dazu, das Leid anzunehmen, indem man es als Teil des Weges in einer gebrochenen Welt bejaht. Beide Sichtweisen sind richtig und wichtig und sollten zusammen gedacht werden. Die Spannung zwischen diesen beiden Polen auszuhalten, ist nicht einfach.

Gott ist der ganz Andere, er ist die Wirklichkeit, die nur der Glaubende erfassen kann.

Die Vorstellung, dass Gott in das Leben seiner Menschen eingreift und die Naturgesetze außer Kraft setzt, zieht sich durch das gesamte Zeugnis der Heiligen Schrift. Gott ist nicht nur der, der in der Auferstehung von Jesus den Tod besiegt hat, sondern er wird auch als der bezeugt, der kranke Menschen heilt, der seine Kinder durch übernatürliche Eindrücke leitet und der in der Lage ist, zu versorgen, wo es eigentlich nichts mehr zu hoffen gibt. Kurzum: Gott ist der ganz Andere, er ist die Wirklichkeit, die nur der Glaubende erfassen kann. Wer das nicht glauben kann, wird diese Glaubenserfahrung nie machen. Spirituelle Menschen aber haben genau diese Sicht, sie suchen in dem, was sie erleben, immer auch Gottes Handeln zu erkennen. Unsere westliche Art, zu glauben und Theologie zu studieren, die sehr stark vom Intellekt geprägt ist, grenzt diese Phänomene in unserer westlichen Welt heute nahezu aus. Viele Theologen können mit dem übernatürlichen Wirken Gottes wenig anfangen. Wundererzählungen der Bibel werden oft als eine zeitbedingte Deutung von Phänomenen gedeutet, für die man damals keine andere Erklärung hatte. Heute seien wir weiter, heute haben wir Medizin, Krankenhäuser und als christliche Antwort die Diakonie, heißt es dann. Bei aller Wertschätzung für Letzteres, das trifft nicht den Kern der biblischen Berichte. Denn hinter diesen Erzählungen steht die Überzeugung, dass Gott der ist, der als Schöpfer und Herr der Welt in der Lage ist, ihre Gesetzmäßigkeiten auch außer Kraft zu setzen. Gott ist souverän, sonst wäre er nicht Gott.

Auch wenn Gott heilend in unser Leben eingreift – die Frage der Endlichkeit unseres Lebens ist damit nicht gelöst.

Aus diesem Grund plädiere ich dafür, derartige Erfahrungen ernst zu nehmen. Es hat sie immer gegeben. Durch die gesamte Kirchengeschichte bis heute zieht sich ein Strom der Erfahrung, dass Heilung und Wiederherstellung von kranken Menschen möglich sind, wenn Gott eingreift. Spirituelle Menschen suchen diese Erfahrungen und möchten, dass Gott auch in der Krankheit und im Leid seine Gegenwart zeigt, indem er Verwandlung und Heilung schafft. Dafür braucht es in unseren Kirchen Räume, in denen dies erhofft, erbetet und mit erfahrenen Menschen gemeinsam gesucht werden kann. Das ist die eine Seite.

Andererseits löst auch ein Eingreifen von oben die Frage unserer Endlichkeit nicht, denn sterben müssen wir trotz allem alle einmal. Wir sind Wesen, die auf Endlichkeit hin angelegt sind. Unser Körper baut bereits ab Mitte zwanzig zunehmend ab. Das kann man verzögern, aber nicht aufhalten. Niemand.

Deswegen gehört zum Glauben an und zur Hoffnung auf Gottes übernatürliches Eingreifen auch die andere Sichtweise: dass man als Mensch das Leiden annehmen muss. Und zwar nicht nur eher resignativ als etwas, das eben zum Leben gehört, sondern durchaus hoffnungsvoll als etwas, das uns auch näher zu Gott bringen kann. Dass Gott durch das Leiden ebenso handelt wie durch Heilungen, bezeugt uns die Heilige Schrift. Und dass sein Handeln letztlich verborgen bleibt, weil wir nicht alle dieselbe Erfahrung machen, ist ebenso offensichtlich. So heißt es in Jesaja 45,15: „Fürwahr, du bist ein verborgener Gott, du Gott Israels, der Heiland." In der Theologie ist deshalb die Vorstellung des „verborgenen Gottes", des „Deus absconditus", entstanden und gründlich bearbeitet worden. Diesen verborgenen Gott finden wir in der Heiligen Schrift genauso wie den sichtbaren Gott, den „Deus revelatus". Es ist die Vorstellung, dass Gott für eine Zeit verborgen sein kann und für uns Menschen nicht einfach verfügbar ist wie eine Maschine, in die man nach Bedarf eine Münze wirft, um dann das Ergebnis herauszuziehen, für das man schließlich mit der Taufe bezahlt hat.

Hiob hat diese Erfahrung über lange Zeit gemacht, weil er durch tiefstes Leiden gegangen ist, ohne zunächst Gottes Eingreifen zu erfahren. Ebenso ruft Jesus am Kreuz: „Mein Gott, mein Gott, warum hast du mich verlassen?" Es ist die mit Händen zu greifende Erfahrung, die ein Mensch macht, wenn er im Leid das Gefühl hat, Gott habe sich abgewandt. Durch das Buch der Psalmen ziehen sich beide Erfahrungen von Menschen, die mit Gott unterwegs waren. Sie finden deutliche Worte für ihr Leid und schreien ihre Angst heraus mit der Frage: Wo bist du, Gott? Und sie machen auch die Erfahrung, dass es Wege aus der Krise gibt, und danken ihm in überschäumender Weise.

Beide Grunderfahrungen, die des unmittelbaren Eingreifens Gottes und die des Leidens, das zugelassen wird, sind Pole des einen Glaubens. Manche nennen diese beiden Pole die Spiritualität von oben und die Spiritualität von unten. Die Spiritualität von oben setzt beim Ideal Gottes an. Durch Gebet, Meditation, Fasten und geistliche Übungen wird der Versuch unternommen, sich Gott zu nähern in der Erwartung, dass er in das eigene Leben und Leiden eingreifen kann und wird. Und es ist nicht von der Hand zu weisen, dass der suchende Glaube auf Antwort hoffen kann. „Naht euch zu Gott, so naht er sich zu euch", heißt es im Jakobusbrief 4,8. Wie im gesamten spirituellen Leben ist es berechtigt, sich nach Gott auszustrecken und sein Eingreifen zu erbitten. Achten wir diesen Weg nicht gering, suchen wir diesen Weg, und geben wir ihn nicht so schnell auf.

Dieser Weg darf aber nicht dazu führen, dass man alles ausblendet, was gegen dieses Ideal spricht. Denn sonst verstärkt eine solche Spiritualität im schlimmsten Fall das Leiden. Wenn sich die leidvolle Situation nicht rasch ändert, dann liegt die „Schuld" weder bei dem Betroffenen noch bei Gott. Der Weg, den der Mensch dann zu gehen hat, ist ein anderer. Die Spiritualität von unten kann am besten mit dem Weg eines Menschen verglichen werden, der an der Hand Gottes einen Abstieg in die Tiefen des eigenen Lebens vollzieht. In der Tiefe angelangt stellt er fest, dass die bisherigen Sicherheiten nicht mehr greifen. Dort, wo er an das Ende der eigenen Möglichkeiten gekommen ist, wo er zu scheitern droht, gerade dort eröffnet sich ein Weg zu Gott.

Gegründeter Glaube ist der Glaube an der Grenze menschlicher Möglichkeiten, an der Grenze der Vergänglichkeit.

Die Erfahrung der eigenen Grenzen verweist ihn ins Gebet zu dem Gott, der Grenzen überwindet und ihn aus der Tiefe herausführen kann oder aber ihm in der Tiefe auf einmalige Weise nahe ist. Der Schrei aus der Tiefe ist wie bei Jesus ein Schrei des Herzens. Er drückt aus, dass nichts mehr geht, keine menschliche Möglichkeit mehr Hilfe bringt. Spätestens hier muss er sich seiner Wirklichkeit stellen, seiner Endlichkeit und Vergänglichkeit. Und gerade hier bewährt sich, was er glaubt. Der Glaube hält stand – oder auch nicht. Er entpuppt sich als Wellnessreligion für schöne Tage oder als gegründeter und bewährter Glaube für alle Wetterlagen. Gegründeter Glaube ist der Glaube an der Grenze der Vergänglichkeit, der diese Wahrheit aushalten kann.

Ohnmacht zu erleben und auszuhalten ist schwer. Mir fällt es besonders schwer, weil ich ein Mann bin und zusätzlich Verantwortungsträger. Wer leitet, will die Dinge kontrollieren und in der Hand haben, und wir Männer haben es in der Regel nicht so gerne, Grenzen zu akzeptieren. Deshalb verdrängen wir das eigene Ende auch, denn es macht uns hilflos und machtlos.

Gerade das Leiden ist deshalb eine der stärksten Proben des Glaubens, denn es stellt unser Ego infrage. Wir stehen dann vor einem Abgrund und schauen ins Dunkle. Was kommt auf uns zu? Wir wissen es nicht. Wer wartet auf uns? Wir ahnen es nur. Hilflos mit Schmerzen in einem Bett zu liegen, wochenlang durch eine Krankheit geschwächt zu sein, nichts von dem tun zu können, was man gewohnt ist und was uns am Leben hält, ist die wohl schwerste Schule auf dem Weg mit Gott. Denn wer an diesem Punkt angekommen ist, spürt: Ich habe nichts mehr zu bieten. Meine Hände sind leer. Ich kann nur noch vertrauen, glauben, hoffen. Mehr nicht. Alles, was ich vorzuweisen hatte und worüber ich mich definiert habe, ist zwischen den Fingern zerronnen. Hier liege ich nun, krank, schwach, leer. Ich kann auch nicht mehr kämpfen, dazu habe ich keine Kraft mehr. Ich muss „die Waffen strecken", ich muss kapitulieren.

Indem ich Gott meine leeren Hände hinhalte,
hat Gott die Möglichkeit, sie mir neu zu füllen
und mir darin neu zu begegnen.

Glaube an diesen Grenzen heißt dann: Gerade hier eröffnet sich ein neuer Weg für Gott. Indem ich Gott meine leeren Hände hinhalte, hat Gott die Möglichkeit, sie mir neu zu füllen und mir darin neu zu begegnen. Scheitern, scheinbare Niederlagen, Leid – so schmerzlich dies alles ist, es kann zu echter neuer Gottesbegegnung führen. Sie kommt nicht von mir, sondern geht von Gott selbst aus, der mich kennt, der mich sieht und mich in seiner Liebe ergreift.

Es gibt eine berührende biblische Geschichte zu diesem Thema, nachzulesen in 1. Könige 19. Der Prophet Elia war einer jener Propheten, die die starke und machtvolle Seite des Glaubens verkörperten wie wenige andere. Er kämpfte im Auftrag Gottes gegen die Götzen des Volkes und vertrieb und vernichtete sie. Er führte ein unstetes Leben des Kampfes um der einen Sache willen: die Wahrheit seines Gottes zu erweisen. Er gab alles und kam dann doch an seine Grenzen.

Nach einer solchen Erfahrung lief er tagelang in die Wüste und legte sich schließlich unter einen Baum. Er war am Ende und wollte sterben. Heute würde man sagen, er litt unter einer Erschöpfungsdepression – völlig ausgelaugt, krank, lebensmüde. In dieser Situation begegnet ihm ein Engel und gibt ihm zu essen. Elia stärkt sich und schläft wieder ein.

Allein diese Beschreibung macht seine Lage deutlich. Er ist völlig ausgebrannt. Nach einer weiteren Stärkung wandert er durch die Wüste bis zum Berg Horeb, der im Alten Testament der Berg Gottes ist. Hier begegnet ihm Gott, als er in einer Höhle Zuflucht gefunden hat. Ein Wind, ein Erdbeben, ein großes Feuer ziehen an ihm vorbei, aber, so heißt es, „Gott war nicht darin". Danach kommt ein „stilles sanftes Sausen" auf und Elia spürt: Darin ist Gott gegenwärtig. Er verhüllt sein Gesicht, tritt aus seiner Höhle und tritt ein in das Gespräch mit Gott über seine Zukunft.

Eine faszinierende Geschichte, die uns in diesem Zusammenhang etwas zu sagen hat: Gott begegnet Elia nicht von oben herab, nicht mit einem machtvollen Eingreifen, nicht so, wie Elia es gewohnt war und normalerweise verstanden hätte. Mitten in seiner Ausnahmesituation, in seinem Leiden und seiner Verzweiflung, spricht Gott ihn „sanft und still" an, also von unten, aus seiner Situation heraus. Elia versteht die Botschaft und hört hin. Er öffnet sich Gott ganz neu, weil er ein neues Reden Gottes an den Grenzen seines eigenen Lebens entdeckt. So lässt er sich aus dem eigenen Leid herausführen in ein neues Leben. Gott segnet ihn in dieser Situation mit einem Auftrag, seine Nachfolge zu regeln. Ein Abschied steht bevor. Als ein Geschlagener erfährt Elia, vermutlich völlig unerwartet, dass ihm ein neues Leben geschenkt ist. Aus der Tiefe wird er von Gott emporgehoben.

Am Ort unserer Kapitulation wartet Gott.

Das bedeutet Spiritualität von unten. Gott spricht uns Menschen im Leiden sanft und still an, und allein das hat die Kraft, uns zu verändern. Am Ort unserer Kapitulation, in unserer Höhle, in die wir uns verkrochen haben, wartet Gott. Still und sanft berührt er unser Herz, und unsere Seele wird gesund. Diese Geschichte ist berührend, weil sie deutlich macht, dass der lebendige Gott gerade an leidenden Menschen nicht gleichgültig vorbeigeht. Er sieht sie und sieht hin. Er lässt sie nicht links liegen. Er belastet sie nicht mit Vorwürfen, er entlastet sie und schenkt ihnen mitten im Leid sogar eine neue Aufgabe. Leid ist nicht umsonst.

Es geht nicht darum, das Leiden zu verklären oder zu verherrlichen. Es geht bei diesen Gedanken darum, dass gerade Menschen im Leid von Gott gesehen und gehört werden. Denn oft stellen Menschen gerade an den Grenzen des eigenen Lebens die existenziellen Fragen: Warum antwortet Gott nicht?

Warum muss ich durch so schwere Zeiten gehen? Warum passiert mir das?

An den Grenzen des Lebens stellt sich aber noch eine andere grundsätzliche Frage: Warum gibt es überhaupt das Leiden? Diese Frage kann hier nur gestreift werden, denn sie ist nicht einfach zu beantworten. Generationen von Theologen und Philosophen haben sich daran abgearbeitet, viele Bücher wurden darüber geschrieben. Hüten wir uns deshalb gerade hier vor einfachen Antworten. Sie richten in aller Regel Schaden an.

Leid ist allgegenwärtig, Kriege kommen und gehen, und Menschen werden krank und sterben. Das war schon immer so und scheint mit dieser gebrochenen Welt aufs Engste verbunden zu sein. Daran hat auch das Kommen Jesu auf diese Erde nichts geändert. Es wird weiter gelitten und gestorben. Das hört sich schockierend an, ist aber unsere Realität.

Leiden gibt es in dieser Welt, weil der Mensch seine Freiheit missbraucht. Freiheit bedeutet aus christlicher Sicht, verantwortlich so zu handeln, dass es mir, den Mitmenschen und der Schöpfung Gottes zum Guten dient. Daran scheitern wir Menschen immer wieder, und die Geschichte des sogenannten Sündenfalls aus dem Buch Genesis beschreibt diesen Zustand und seine Folgen eindrücklich. Leid entsteht durch dieses Scheitern und zeigt sich in Streit, Konflikten und Kriegen. So findet sich jeder einzelne Mensch vor, als Teil dieses gebrochenen Systems.

Die Trennung des Menschen von seinen ursprünglichen wurzelhaften Verbindungen zu Gott hat aber auch Endlichkeit, Krankheit und persönliches Leiden zur Folge. Der göttliche Lebensstrom ist unterbrochen. Man hat versucht, dies mit dem sehr missverständlichen Begriff der Erbsünde zu erklären. Das ist deshalb unglücklich, weil der Begriff letztlich aussagt, dass der Mensch die Sünde durch die Zeugung weitergibt und die nächste Generation sie damit ererbt. Das aber führt auf sexualfeindliche Abwege, die nicht gemeint sind.

Aber was ist gemeint? Gemeint ist die Erfahrung, dass sich jeder Mensch grundsätzlich als fehlerhaft und aus christlicher Sicht sündhaft erweist und dass er aus diesem Zustand nicht herausfindet. Jeder findet sich in diesem Zustand vor. Wer ehrlich auf sich schaut, wird dem zustimmen müssen.

Nirgendwo verdichten sich die Gegenwart und Nähe Gottes mehr als im Leid. Allerdings auch hier oft auf sehr verborgene Weise.

Das Leid in der Welt ist eine Folge dieses Zustandes aller Menschen, und alle leiden darunter. Diese Sicht erklärt nicht die letzte Frage, warum Gott dieses Leid überhaupt zulässt. Aber sie befreit uns von der quälenden Frage, die leidende Menschen stellen: Habe ich vielleicht doch etwas falsch gemacht und verdiene, was ich gerade erlebe?

Es gibt keine alle Fragen beantwortende Erklärung, warum Gott Leiden zulässt, über das bereits Gesagte hinaus. Vielleicht ist es aber eine Hilfe zu sagen, wenn auch mit gewisser Vorsicht, dass man im Leiden einen Sinn erkennen kann. Der spirituelle Mensch weiß, dass nichts zufällig geschieht und nichts einem blinden Schicksal zuzuschreiben ist. Er weiß sich von

Gott umgeben, geführt und getragen. Das ist nicht für alle eine befriedigende Antwort. Und man sollte sich im Gespräch mit leidenden Menschen davor hüten zu sagen, dass das, was sie erleben, sicher auch für sie einen Sinn hätte. Solche Ratschläge sind in der Tat Schläge, die schmerzen und nicht helfen.

Man könnte aber hinzufügen: Nirgendwo verdichten sich die Gegenwart und Nähe Gottes mehr als im Leid. Dort wird er dringend gebraucht – und dort ist er gegenwärtig! Auch wenn wir ihn dort nicht immer unmittelbar erleben.

Am Kreuz betet Jesus den Psalm 22. Es ist der Psalm aller leidenden Menschen. Und in diesem Psalm finden sich nahezu alle Gefühle, alle Phasen des Schmerzes und der Trauer wieder, die ein Mensch durchlebt, der tiefes Leid erfährt. Aber der Psalm zeigt auch, dass es Hoffnung gibt. Er bezeugt, dass es sich lohnt, sein Leid herauszuschreien, denn Gott hört und hilft im Leid und aus dem Leid heraus. Er rettet, wie auch immer. Der Psalm lautet folgendermaßen:

Ein Psalm Davids
Mein Gott, mein Gott, warum hast du mich verlassen?
Ich schreie, aber meine Hilfe ist ferne.
Mein Gott, des Tages rufe ich, doch antwortest du nicht,
und des Nachts, doch finde ich keine Ruhe.
Aber du bist heilig,
der du thronst über den Lobgesängen Israels.
Unsere Väter hofften auf dich;
und da sie hofften, halfst du ihnen heraus.
Zu dir schrien sie und wurden errettet,
sie hofften auf dich und wurden nicht zuschanden.
Ich aber bin ein Wurm und kein Mensch,

ein Spott der Leute und verachtet vom Volk.
Alle, die mich sehen, verspotten mich,
sperren das Maul auf und schütteln den Kopf:
„Er klage es dem Herrn, der helfe ihm heraus
und rette ihn, hat er Gefallen an ihm."
Du hast mich aus meiner Mutter Leibe gezogen;
du ließest mich geborgen sein an der Brust meiner Mutter.
Auf dich bin ich geworfen von Mutterleib an,
du bist mein Gott von meiner Mutter Schoß an.
Sei nicht ferne von mir, denn Angst ist nahe;
denn es ist hier kein Helfer.
Gewaltige Stiere haben mich umgeben,
mächtige Büffel haben mich umringt.
Ihren Rachen sperren sie gegen mich auf
wie ein brüllender und reißender Löwe.
Ich bin ausgeschüttet wie Wasser,
alle meine Gebeine haben sich zertrennt;
mein Herz ist in meinem Leibe wie zerschmolzenes Wachs.
Meine Kräfte sind vertrocknet wie eine Scherbe,
und meine Zunge klebt mir am Gaumen,
und du legst mich in des Todes Staub.
Denn Hunde haben mich umgeben,
und der Bösen Rotte hat mich umringt;
sie haben meine Hände und Füße durchgraben.
Ich kann alle meine Gebeine zählen;
sie aber schauen zu und weiden sich an mir.
Sie teilen meine Kleider unter sich
und werfen das Los um mein Gewand.
Aber du, Herr, sei nicht ferne;
meine Stärke, eile, mir zu helfen!

Errette mein Leben vom Schwert,
mein einziges Gut von den Hunden!
Hilf mir aus dem Rachen des Löwen
und vor den Hörnern der wilden Stiere –
du hast mich erhört!
Ich will deinen Namen kundtun meinen Brüdern,
ich will dich in der Gemeinde rühmen:
Rühmet den Herrn, die ihr ihn fürchtet;
ehrt ihn, all ihr Nachkommen Jakobs,
und scheut euch vor ihm, all ihr Nachkommen Israels!
Denn er hat nicht verachtet noch verschmäht das Elend des
Armen
und sein Antlitz vor ihm nicht verborgen;
und da er zu ihm schrie, hörte er's.
Dich will ich preisen in der großen Gemeinde,
ich will mein Gelübde erfüllen vor denen, die ihn fürchten.
Die Elenden sollen essen, dass sie satt werden;
und die nach dem Herrn fragen, werden ihn preisen;
euer Herz soll ewiglich leben.
Es werden gedenken und sich zum Herrn bekehren
aller Welt Enden und vor ihm anbeten
alle Geschlechter der Volker.
Denn des Herrn ist das Reich,
und er herrscht unter den Völkern.
Ihn allein werden anbeten alle Großen auf Erden;
vor ihm werden die Knie beugen alle,
die zum Staube hinabfuhren
und ihr Leben nicht konnten erhalten.
Er wird Nachkommen haben, die ihm dienen;
vom Herrn wird man verkündigen Kind und Kindeskind.

Sie werden kommen und seine Gerechtigkeit predigen
dem Volk, das geboren wird. Denn er hat's getan.

Das Leiden anzunehmen und, wenn es denn sein muss, in unser Leben zu integrieren, ist eine schwere Aufgabe, die man nicht theoretisch abhandeln kann. Man muss sie durchleben, um sie zu bestehen. Aber gerade darin bewährt sich eine reife Spiritualität, denn sie stellt sich auch den schwierigen Fragen und bemüht sich, keine vorschnellen und eindimensionalen Antworten zu geben.

Es ist wahr, das Leben ist kompliziert. Aber für spirituelle Menschen ist dies auch eine große Chance, im Leben Sinn zu entdecken. Leid ist ja immer individuelles Leid, und jeder Weg im Leiden ist ein persönlicher Weg, der für andere nicht in gleicher Weise gelten mag. Wer glaubt, bittet deshalb um Gottes Nähe, Beistand und Hilfe im Leiden. Und er sucht Gottes Nähe, indem er sich Gott im Gebet in der Stille nähert. Die Psalmen sind ein großer Schatz, denn wenn uns im Leid die Worte fehlen, können wir mit diesen alten Gebeten mitbeten und uns verbunden wissen mit unzähligen Menschen, die mit denselben Worten gebetet haben und bis heute beten.

Mit dieser Haltung können wir leben und lernen, Leiden zu ertragen. Ja zu sagen zu unserer Endlichkeit ist kein leichter Weg und kein Spaziergang. Gerade dann, wenn Zeichen der Endlichkeit nicht erst im hohen Alter sichtbar werden, sondern viel zu früh. Natürlich gibt es aus unserer menschlichen Sicht dieses „viel zu früh". Wenn Leid und Endlichkeit mitten im Leben nach uns greifen, dann wird der Weg umso schwerer. Aber der Weg ist gangbar, und viele Menschen haben bezeugt, dass sie ihn bewältigt haben, oft mit Zittern und Zagen. Und auf dem Weg entdecken wir vielleicht dann auch auf geheimnisvolle Weise das sanfte, stille Wehen des Geistes, der uns berühren und verändern kann.

Aus geistlichen Quellen leben

Wir reden über Spiritualität. Sie erwächst aus einem Leben in Beziehung mit Gott, dem Urgrund unseres Seins. „Gott ist nicht ferne von einem jeden unter uns. Denn in ihm leben, weben und sind wir“ (Apostelgeschichte 17,27–28). Durch die Heilige Schrift zieht sich dieses Bewusstsein, dass Gott uns umgibt, dass er unser Leben umsorgt, dass wir in ihm und mit ihm verwoben sind. Aus der Beziehung mit Gott zu leben ist deshalb grundlegend und die Quelle unserer spirituellen Lebenshaltung.

Wie aber können wir zu einer solchen spirituellen Lebenshaltung finden? Können wir sie uns zu eigen machen, dass sie in uns zu einer Lebensquelle wird, die unsere Seele nährt und erhält?

Geistliche Quellen können wir finden, aber sie sind kein Besitz, den man einmal erwirbt und über den man dann verfügt. Eine Quelle kann man suchen, man kann sich ihr nähern, um sich an ihr zu erfrischen. Aber sie ist zunächst einfach da und sprudelt aus einem Untergrund, ohne dass sie mir gehört. Im übertragenen Sinne heißt das: Wir können uns zu geistlichen Quellen aufmachen, aber sie sind kein Eigentum, das man erwirbt und dann sagen kann: Jetzt habe ich meine geistlichen Quellen erschlossen. Glaube und Vertrauen sind keine Sache von Haben und Verfügbarkeit.

Geistliche Quellen sind solche, die unsere Seele nachhaltig nähren und unseren Lebensdurst stillen. An geistlichen

Quellen wird unsere Seele satt. Wenn wir uns auf den Weg zu diesen Quellen machen, setzt das voraus, dass wir das loslassen, was uns von ihnen fernhält. Spirituelle Menschen gehen zu den Quellen, die gutes Lebenswasser bieten, und lassen gleichzeitig andere Quellen hinter sich, die nur vermeintlich Leben bringen. Was sind meine vordergründigen Lebensquellen, die mir Lust verschaffen, mich aber nicht wirklich weiterbringen? Was lenkt mich ab vom Weg zu der Quelle, in der Gott auf mich wartet? Was stillt meinen Lebensdurst vordergründig, aber nicht nachhaltig?

Wenn wir zu geistlichen Quellen aufbrechen,
setzt das voraus, dass wir das loslassen,
was uns von ihnen fernhält.

In unserer Zeit der permanenten Überforderung und Komplexität ist es kein Wunder, dass wir mehr über das Loslassen, die Vereinfachung, den Minimalismus und einen alternativen Lebensstil nachdenken. Dahinter steckt die Frage: Was wird mehr, wenn es weniger wird? Das gilt nicht nur für den Konsum.

Das Leben selbst ist ein ständiger Prozess, in dem man sich weiterentwickelt, wächst, Wissen, Erfahrungen und Lebenshaltungen vertieft und seinen Horizont erweitert. Als Erwachsene können wir uns auf gesunde Weise weiterentwickeln. Es kann aber auch zu einem „gemanagten" Leben kommen: immer weiter, immer schneller, Stillstand ist Rückschritt. Wir müssen in unserem Alltag des 21. Jahrhunderts scheinbar nur noch Grenzen überwinden und Mauern durchbrechen. „Du schaffst es, nichts ist unmöglich!" Platte Werbeslogans werden zu Lebenskonzepten, bis in religiöse Frömmigkeitsvorstellungen hinein. Da fällt es dann sehr schwer, eine andere, geistliche Sicht vom Leben einzunehmen. Heißt Leben nicht auch lernen, zurückzustehen? Dinge hinnehmen zu lernen, die sich nicht ändern lassen? Gehört es nicht auch dazu, das Verlieren anzunehmen, sich Fehler einzugestehen und Grenzen anzunehmen? Gerade im Weniger das Mehr zu entdecken? Zu erkennen, dass das Reifen des Lebens eben nicht in der Befriedigung der Gier nach „immer mehr" liegt, sondern darin, das eigene Wollen und Kämpfen immer mehr zu relativieren? Können Schwächen und Fehler im besten Fall sogar sympathisch sein, weil sie uns einen Spiegel vorhalten, der sagt: Nimm dich nicht so ernst!?

Es fällt schwer, dies nicht nur zu verstehen, sondern auch in das eigene Leben zu übertragen. Leben heißt auch, zurückzustecken und im Loslassen nicht das Scheitern zu sehen, sondern das Reifen des eigenen Lebens. Wenn das gelingt, dann ziehen Ruhe und eine Geborgenheit in unser Leben ein, die von Gott kommen. Auf dem Weg zu den Lebensquellen, die tragen, scheinen mir die gerade genannten Fragen wichtig zu sein. Geistliche Quellen eröffnen sich für mich da, wo ich mein Leben vereinfache, wo ich das hinter mir lasse, was letztlich Zeitverschwendung ist und was mich hindern würde, in allem, was mir begegnet, Gottes Reden zu entdecken.

Eine erste Antwort auf die Frage, wie man sich geistliche Quellen erschließen kann, wäre also, das Loslassen von eigenen Erwartungen einzuüben und im Weniger das Mehr zu sehen. Ein leeres Gefäß kann mehr aufnehmen als ein volles, und lebendiges Wasser, das von Gott kommt, braucht Raum in unserem Leben, um uns zu durchdringen.

Wie können wir eine solche Haltung einüben? Indem wir konkrete Entschlüsse fassen. Wir können z. B. als einfache und praktische Übung einmal unseren gesamten Kleiderschrank ausmisten und alles weggeben, was wir im letzten Jahr nicht getragen haben. Dann nehmen wir uns vor, nur noch Neues einzukaufen, wenn im Gegenzug ein altes Teil weggegeben wird.

Aus geistlichen Quellen zu leben,
ist im Tiefsten eine Frage des Vertrauens.

Es wäre ebenso denkbar, im Jahresablauf feste Zeiten einzuplanen, wo wir auf die Nutzung von sozialen Medien verzichten – eine andere Art des Fastens. Warum nicht von Beginn des Jahres bis Ostern einmal alles abschalten, um in dieser Zeit mehr Raum für frischere Quellen einzuräumen und dafür eine Woche die Stille aufsuchen?

Wir könnten uns fragen, ob wir zukünftig einen gewissen monatlichen Betrag bedürftigen Menschen zur Verfügung stellen sollten. Damit meine ich nicht eine kleine Spende, sondern einen Betrag, den wir auch spüren, um etwas anderes zu ermöglichen, was für andere zu einer Lebensquelle wird? Leben aus neuen, lebendigen Quellen darf uns auch etwas kosten.

Leben aus geistlichen Quellen hat im Tiefsten etwas mit Vertrauen zu tun. Wer vertraut, geht davon aus, dass es ein anderer gut mit ihm meint. Ich lasse los im Vertrauen, etwas anderes zu bekommen, das ich noch nicht kenne. Ich vertraue etwa meinem Partner, weil er mich nicht nur kennt, sondern auch liebt und das Beste für mich möchte.

Nicht jedem Menschen fällt es leicht, dieses Vertrauen aufzubringen, denn die Fähigkeit zu vertrauen wird in der Kindheit gelegt. Man weiß heute, dass das Urvertrauen eine der wichtigsten Grundlagen für gelingendes Leben als Erwachsener ist. Ein Kind, das gelernt hat, dass ein Elternteil für mich da ist, wenn ich es brauche, hat es als Erwachsener leicht, anderen gegenüber Vertrauen aufzubringen. Umgekehrt kennen wir auch die ständigen Skeptiker und Zweifler, die es nicht schaffen, vertrauensvoll durch das Leben zu gehen. Ihnen fehlt dieser Urgrund, der Humus des Urvertrauens. Sie haben es schwer, menschliches und auch spirituelles Grundvertrauen zu entwickeln, denn sie haben es nicht als Kind erfahren. Sie müssen sich Vertrauen als Haltung hart erarbeiten, es wird ihnen nur gelingen, wenn sie als Erwachsene immer wieder liebevolle Zuwendung von Menschen ihnen gegenüber erleben. Sie lernen vertrauen, wenn andere sich ihnen öffnen, weil sie sie lieben und sie ihnen viel bedeuten. Dann können sie das Wagnis Vertrauen eingehen, oftmals in kleinen Schritten.

Eine naive Vertrauensseligkeit ist damit nicht gemeint. Es gibt eine berechtigte Skepsis, die bereits mehrfach thematisiert wurde. Man kann nicht allem und jedem vertrauen, und wir müssen gerade als spirituelle Menschen lernen, genau hinzuschauen und uns einen wachen Blick zu erhalten.

Vertrauen kostet Mut und setzt die Bereitschaft zum Wagnis voraus. Lassen wir uns immer wieder vertrauensvoll auf diesen Weg ein, so wird er zu einer Quelle in unserem Leben, aus der heilsames Wasser fließt.

Was im Blick auf das Vertrauen für das zwischenmenschliche Leben gilt, ist genauso wichtig für das geistliche Leben, für die Beziehung zu Gott also, denn aus dieser Quelle schöpfen wir.

Zum christlichen Glauben gehört einerseits das Wissen, also die Sammlung bestimmter Glaubensüberzeugungen, die unser Leben prägen. Ebenso gehört die Erfahrung dazu, dass ich mich Gott anvertrauen kann. Wir suchen die Gemeinschaft Gleichgesinnter, gehen in eine Gemeinde, einen Gottesdienst oder in eine Gruppe, wo wir gemeinsame Erfahrungen machen. Dies ist wichtig, denn hier erfahren wir: Ich bin nicht allein. Ich bin eingebettet in ein größeres Ganzes. Ich trage und werde getragen. Andere schöpfen aus denselben Quellen.

Vertrauen kostet Mut und setzt die Bereitschaft zum Wagnis voraus.

Wissen und Gemeinschaft allein genügen aber nicht. Gemeinsame Überzeugungen und die Erfahrung von Gemeinschaft findet man auch in einem Sportverein. Aber christlicher Glaube beruht nicht in erster Linie auf Glaubenswissen und Glaubensgemeinschaft. Er beruht auf der Erfahrung, dass ich mich als Mensch bedingungslos und voraussetzungslos Gott anvertrauen kann, der mir in der Person von Jesus von Nazareth entgegenkommt.

Christliche Spiritualität bedeutet, dass meine Beziehung zu Gott vom Vertrauen durchdrungen ist. Gott ist da, auch wenn ich innerlich gerade nicht da bin. Er verlässt mich nicht, wenn ich falsch abgebogen bin und mich verrannt habe. Er hält mich in Zeiten, in denen ich durch dunkle Täler gehe und mir nicht mehr nach Gebet und Stille zumute ist. Er tut das, weil er der ganz Andere ist, der in anderen Kategorien und Zeitabschnitten denkt. Er hält sich an sein Versprechen. Ihm kann ich vertrauen.

Der Prophet Jesaja übermittelt diese Worte als Zusage Gottes: „Fürchte dich nicht, denn ich habe dich erlöst; ich habe dich bei deinem Namen gerufen, du bist mein. Wenn du durch Wasser gehst, will ich bei dir sein, und wenn du durch Ströme gehst, sollen sie dich nicht ersäufen. Wenn du ins Feuer gehst, wirst du nicht brennen, und die Flamme wird dich nicht versengen" (Jesaja 43,1–2).

Christliche Spiritualität bedeutet, dass meine Beziehung zu Gott von dem Vertrauen durchdrungen ist: Gott ist da, auch wenn ich innerlich gerade nicht da bin.

Worte wie diese finden wir immer wieder in der Heiligen Schrift. Sie sind wahre Quellen lebendigen Wassers. Mit diesen Worten zu leben, sie in unser Herz aufzunehmen, gibt uns festen Grund unter den Füßen. Sie schenken uns die Kraft, unser Leben zu meistern. Dieses Lebenswasser nährt uns. Diese Worte sind wie Verheißungen für unser Leben. Sie aufzunehmen und mit ihnen zu leben, das ist eine Form der Selbstfürsorge, die gerade dann wichtig ist, wenn wir durch Zeiten der Dürre und der Krisen gehen. Worte wie diese festigen unser Vertrauen und machen uns stark.

Aber es ist ja nicht nur unser Vertrauen in Gott, das von großer Bedeutung ist. Vielmehr sind es die Zusagen Gottes selbst, die uns halten. Er nährt diese ungleiche Beziehung, die auf Vertrauen, Zutrauen und im Tiefsten auf Liebe gegründet ist. Er ist letztlich selbst die Quelle lebendigen Wassers, aus der wir immer wieder schöpfen dürfen. So wie wir nicht über die Quelle verfügen, so verfügen wir auch nicht über Gott. Aber er ist da, und wir gehen auf ihn zu.

Spiritualität, die sich im Alltag bewährt, schöpft ihre Kraft aus dem Loslassen eigener Erwartungen und aus dem unmittelbaren Vertrauen in Gott. Indem wir loslassen, nähern wir uns Gott, der uns entgegenkommt, weil er selbst sich nach einer Beziehung zu uns sehnt. Diese Beziehung trägt uns in die Zukunft. Sie ist gereift in den Höhen und Tiefen des Lebens und hat sich bewährt. Im Bild gesprochen: Der Baum unseres Lebens wächst gesund und ist stabil, weil er sich aus den untergründigen Wassern geistlichen Lebens speist. Er kann den Stürmen trotzen, und selbst wenn ein Ast abbricht, wankt er nicht. So kann er auch alt werden und Moos ansetzen, er bleibt ein Beispiel reifer und gewachsener Lebenskraft.

Heimat finden im Unterwegssein

Ein Tag, der sagt dem andern,
mein Leben sei ein Wandern
zur großen Ewigkeit.
O Ewigkeit, du schöne,
mein Herz an dich gewöhne,
mein Heim ist nicht von dieser Zeit.

Der deutsche Mystiker Gerhard Tersteegen hat im 17. Jahrhundert dieses Gedicht verfasst. Christliches Leben, so Tersteegen, ist eine Wanderung auf dem Weg nach Hause.

Wer wandert, hat sich entschieden, für eine begrenzte Zeit die Heimat oder seinen Ort, an dem er wohnt, zu verlassen und unterwegs zu sein. Er setzt sich Wind, Wetter und Ungewissheiten aus, denn er weiß nicht, was ihm auf dem Weg begegnet. Eine Wanderung kann man gut planen, und man kann sich gut darauf vorbereiten; wenn man allerdings unterwegs ist, stellt man fest, dass es plötzlich hier und dort zwickt, das Gepäck zu schwer auf dem Rücken drückt und früher als erwartet Müdigkeit einsetzt. Man entdeckt aber auch unterwartete Naturschönheiten, man spürt die Stille im Wald und taucht ein in eine andere Welt.

Warum wandert man dann, wenn das Ergebnis so durchwachsen ist? Man liebt die Wanderung, weil das Unterwegssein uns sozusagen in den Knochen steckt. Es entspricht unserer

Natur, zu Neuem aufzubrechen. Menschen sind neugierig, und das ist auch gut so. Was für eine konkrete Wanderung gilt, gilt auch für eine innere Wanderschaft, einen inneren Aufbruch. Auch er ruft uns, Vertrautes hinter uns zu lassen und loszugehen ins Unbekannte.

Unterwegssein, wenn es bewusst vollzogen wird, ist ein spiritueller Akt. Gott ruft den Menschen ins Unterwegssein, in die Nachfolge, und wir brechen auf. Sich auf den Weg einzulassen, ist oft wichtiger als das Erreichen des eigentlichen Ziels. Das Ziel hat man im Blick, aber der Weg selbst ist beim Unterwegssein wesentlich. Hier sammelt man Erfahrungen, hier erlebt man Freude und das Glück des Augenblicks. Hier bezwingt man auch seinen inneren Schweinehund, der müde ist und nicht mehr weitermöchte. All das ist Teil der spirituellen Reise.

---

*Unterwegssein ist ein spiritueller Akt.
Sich auf den Weg einzulassen, ist oft wichtiger
als das Erreichen des eigentlichen Ziels.*

Beim Wandern geht man auf ein konkretes Ziel zu. Das ist im sonstigen Leben anders. Nicht alles, was darin wichtig ist, lässt sich ansteuern wie ein Etappenziel auf einer Wanderung. Das Ziel, also das Ende am Abend des Lebens, kommt uns so oder so entgegen, und unser Unterwegssein ist ja eben nicht grundsätzlich zielorientiert wie bei einem Projekt im Job. Die wichtigsten Lebensfragen lassen sich nicht zielorientiert lösen, vielmehr lösen sie sich auf dem Weg, oder auch nicht. Ziele im Leben erschließen sich, wenn man unterwegs ist, oft nicht geplant, sondern überraschend. Man lernt einen Menschen kennen und stellt fest, das ist er oder sie. Man hat nicht damit gerechnet wie mit Zahlen, das geht nicht, aber auf dem Weg ist man sich begegnet, und es hat gefunkt. Man hat vielleicht gezielt darauf hingearbeitet und sich um eine Partnerschaft bemüht, aber dass man dieses Ziel auch erreicht, bleibt letztlich unverfügbar. Deshalb ist es gut, sich nicht zu sehr an bestimmte Vorstellungen zu klammern und auf ein bestimmtes Ziel zu fixieren.

Glaubende Menschen sehen sich in aller Regel von Gott geführt. Ihr Unterwegsein ist ein Weg des Glaubens, und was Glaubenden auf dem Weg widerfährt, nehmen sie aus Gottes Hand. Es ist Geschenk und manchmal auch Zumutung, Gabe und Aufgabe. Aber es ist nie zufällig oder schicksalhaft. Wer innerlich für Gott offen bleibt, ist gut vorbereitet auf Veränderungen, die plötzlich kommen können.

Da ist ein Ehepaar, das sich dieses Unterwegssein erhalten hat. Beide leben mit der Frage, was Gott von ihnen möchte und wie sie für ihn und für andere da sein können. Und dann trifft sie unvorbereitet ein schwerer Schlag. Die Mutter des Mannes wird zum Pflegefall, und sie müssen einspringen. Ins Heim kann sie nicht, und sie haben Platz, denn die Kinder sind aus dem Haus. Sie nehmen die Mutter auf und beginnen mit der Versorgung und Pflege. Das hatten sie sich eigentlich nie vorstellen können, aber nun scheint es zunächst einmal einfach so zu sein. Im Laufe der Zeit entdecken sie, dass die Mutter unendlich dankbar und gelöst ist, weil sie bei ihren Kindern Heimat gefunden hat, nun, wo sie auf Hilfe angewiesen ist. Es geht gut. Das ist nicht immer der Fall.

Jahre später, im Rückblick, lange nach der Beerdigung der Mutter, denken sie noch einmal an diese Lebensphase zurück.

Für sie ist es nun sehr klar geworden: Ihre Offenheit für Neues und Unvorhergesehenes war eine wichtige Vorbereitung für diesen Schritt. Er hat sie herausgefordert und zeitweise zum Verzicht gezwungen. Aber sie wurden auch beschenkt und bereichert. Sie konnten der Mutter am Ende des Lebens etwas zurückgeben, was diese dem Sohn zu Beginn seines Lebens ihrerseits geschenkt hatte: Hingabe, Liebe, Opfer. In ihrer Offenheit, in ihrem Unterwegssein konnten sie Heimat bieten und wurden selbst dadurch beschenkt.

Das Ehepaar hat eine wichtige Erfahrung gemacht, die einem Reifeschritt gleichkommt. Sie haben ihre Erwartungen, wie sie die nächsten Jahre gestalten wollten, losgelassen – vielleicht nicht ganz freiwillig –, aber sie haben es getan. Sie wussten, was zu tun war, und ahnten vielleicht nur, dass das einen Preis hatte. Vielleicht mussten sie eine geplante Reise rückgängig machen. Vielleicht Hobbys zurückstellen, vielleicht ist ein Traum gestorben. Mit ihrer zutiefst spirituellen Haltung hatten sie ihrem Leben aber eine Richtung vorgegeben, nämlich offen zu bleiben für unerwartete Wendungen auf dem Weg und unterwegs zu sein im Vertrauen, dass sie geführt und geleitet sind. Das kann man tun, wenn man Erwartungen, wie die Dinge zu sein haben, loslässt und wenn man das Vertrauen aufbringt, dass das Leben gut ist, wie es ist.

Wie finden wir zu einem solchen Vertrauen? Die besprochenen spirituellen Haltungen wie Daseinsgewissheit, Zuversicht einüben, Stille finden u. a. sind wichtige Aspekte auf dem Weg dahin. Sie helfen uns, unsere Überzeugungen auch dann zu leben, wenn die eigenen Wünsche zurückgestellt werden müssen. Sich so hinzugeben, auch an andere Menschen, ist ebenfalls in uns Menschen verankert. Schon gleich nach der Geburt werden wir in die Arme der Mutter gegeben und sind darauf angewiesen, von ihr umsorgt, aufgefangen und geliebt zu werden. Dieses gesunde Urvertrauen wächst in der Kindheit heran und trägt in unserem Leben dazu bei, dass wir uns auch an andere Menschen hingeben können. Es ist ein Zeichen von Stärke und von reifer Haltung, wenn ein Mensch dies aus innerster Überzeugung tut. Es ist ein Zeichen von großer Freiheit, eigene Wünsche, Vorstellungen und Pläne zurückzustellen und für das bereit zu sein, was auf dem Weg auf uns wartet.

Jesus ging seinen geistlichen Weg in großer innerer Freiheit bis zum Ende. Niemand von seinen Freunden wollte, dass er sich als Verräter hinrichten lassen sollte. Alle hatten andere Hoffnungen für ihn und auch für sich selbst. Jesus kannte seinen Weg. Er hat sich dem überlassen, der ihn auch in der schwersten Stunde seiner Versuchung nicht losließ. Er wusste um seine Heimat an einem anderen Ort und ging seinen Weg deshalb gegen alle Widerstände.

Spiritualität weist uns immer wieder über uns selbst hinaus.
Am Ende aber verweist sie uns auf die Hoffnung,
die wir bei Gott haben.

Wir dagegen richten uns in unserem Leben oft zu gut und auf Dauer ein. Wir sichern uns ab, richten uns ein in Gewohnheiten, die uns guttun, und gleichzeitig kann uns dieses Festgelegtsein die Augen für Situationen verschließen, in denen von uns neue Schritte gefordert wären. Wanderer auf dem Weg in die ewige Heimat, so würde es Tersteegen ausdrücken, nehmen dagegen weniger Gepäck mit als die, die fest verwurzelt sind. Sie sind dadurch selbst bedürftiger und auf Hilfe angewiesen, haben aber auch den Blick dafür, wo sie helfen, einspringen und anderen etwas Gutes tun können. Sie wissen, sie sind unterwegs zu einem Ziel, und das ist ihre Heimat. In der Zwischenzeit ist das eigene Unterwegssein ein Ort der Heimat geworden, es wurde normal, im Unterwegssein zu leben, zu feiern, zu arbeiten und es sich gut gehen zu lassen. Vieles, was sie erfahren, bleibt beglückend, aber es bleibt ein Vorletztes. Vieles ist auch schwer, was sie hinnehmen müssen, aber auch das ist nicht das letzte Wort über ihrem Leben.

Es gibt ein berührendes Gedicht der Lyrikerin Gisela Dreher-Richels, das diesen Gedanken auch im Blick auf die spirituelle Dimension des Unterwegsseins aufgreift.

Der zentrale Gedanke ist der der Sehnsucht des Herzens nach einem anderen Land. Ist es nicht genau das, worum es im Glauben geht? Ist es nicht diese Hoffnung, dass wir in unserem Leben zwar Orte finden, an denen wir als Gäste gut leben können, dass wir aber auf eine andere Heimat hoffen? Ich wünsche mir das selbst, auch auf die Gefahr hin, dass meine Sicherheiten infrage gestellt bleiben. Spiritualität weist uns immer wieder über uns selbst hinaus. Am Ende aber verweist sie uns auf die Hoffnung, die wir bei Gott haben. Sie ist die Quelle, die uns erhält. Mehr Hoffen war nie.

Herz des Wandrers

Nur streunen
durch festgebaute Häuser.
Bleib Gast in den Unterkünften

die das Leben anbietet.
Behalt das Herz des Wandrers.
Schütze deine Sehnsucht.
Hüllen
wieviel sind nötig zum Überleben
und
Überlebt deine Freiheit in ihnen ...
Lass selbst Schönheit,
wenn sie festhält.
Schlaf nicht zu lang
in gesicherten Wänden:
Haus hab als Zelt.
Behalt das Herz des Wandrers
niste nur ein als
Zugvogel
sehnsüchtig nach anderem Land.[4]

Leben über den Horizont hinaus

Was hält uns im Leben? Was trägt uns letztlich, wenn Gewohntes nicht mehr trägt? Es ist eine Haltung, die unser Leben mit großer Dankbarkeit und Wertschätzung als ein unverdientes Geschenk annimmt und feiert. Spirituelle Menschen sollten keine weltflüchtigen Menschen sein, auch wenn ihnen das manchmal nachgesagt wird. Nein, dass sie mit beiden Beinen in der Welt stehen, macht sie vertrauens- und glaubwürdig. Wir leben in den Häusern dieser Welt und besuchen uns gegenseitig. Wir leben, essen und teilen Schönes und Schweres mit der weltweiten Familie Gottes, mit seinen Kindern.

Aber da ist noch mehr. Die Lyrikerin Dreher-Richels schreibt, das Herz des Wanderers bleibt „sehnsüchtig nach einem anderen Land". Darum soll es nun zum Abschluss dieses Buches gehen. Glaubende Menschen leben zwar im Diesseits, aber sie richten ihren Blick immer wieder über den Horizont des eigenen Lebens hinaus in jene Welt, die uns verborgen ist und die uns in dieser Welt auch verborgen bleibt. Es geht um die Ewigkeit, um das Leben nach dem Leben.

Schon immer gab und gibt es Bestrebungen, einen Blick „hinter den Vorhang" zu tun. Man hört und liest in einschlägigen Foren von Menschen, die die seltene Möglichkeit bekommen hätten, diese Grenze zu überschreiten. Ausführlich berichten sie über die Einmaligkeit dessen, was sie gesehen haben. Es seien unbeschreibliche Farben und ein helles Licht, eine nie da gewesene Wärme und Liebe sei ihnen entgegengekommen. Seit mehreren Jahrzehnten wird über sogenannte Nahtoderfahrungen gesprochen, und eine große Zahl an Publikationen zu diesem Thema findet ihr Publikum. Der Markt dafür ist da, das Interesse ist groß. Nahtoderfahrungen sind Erfahrungen an der Schwelle zwischen Leben und Tod. Diese Erfahrungen sind selbstverständlich subjektiv und deshalb auch sehr unterschiedlich. Auch ist in verschiedenen Publikationen der letzten Jahre darüber berichtet worden, dass Menschen in dieser Zwischenzeit zwischen Leben und Tod eine reale Begegnung mit Gott oder Jesus oder mit Engeln gehabt hätten, oft auch mit einem unbeschreiblichen Licht. Diese Begegnung sei so wertvoll und schön gewesen, dass die Menschen nicht mehr zurück in ihr altes Leben wollten. Es handelt sich bei diesem Blick hinter den Vorhang durchweg um positive Berichte.

Das Leben dankbar und wertschätzend als unverdientes Geschenk anzunehmen, ist eine Lebenshaltung, die auch an den Grenzen des Lebens trägt.

Wie sollen wir mit solchen Berichten umgehen? Nun, es steht mir nicht zu, ein letztes Urteil zu fällen. Wer bin ich, um über diese Erfahrungen zu Gericht zu sitzen? Aber ich gebe zu, ich bleibe zurückhaltend, wenn es darum gehen soll, daraus etwas für die Allgemeinheit abzuleiten. Denn die Berichte sind sehr situativ, individuell und nahezu immer durch traumatische Umstände herbeigeführt worden. Oft waren es Unfälle. Ich möchte sie an dieser Stelle einfach einmal stehen lassen; nach meiner

Einschätzung genügen sie nicht, um eine tiefer gehende Aussage über das Leben jenseits unseres Horizontes zu machen. Aus der Perspektive des christlichen Glaubens schlage ich deshalb eine andere Herangehensweise vor.

Jedes Jahr nähern wir uns dem Thema Ewigkeit an einem besonderen Sonntag im November. Er ist seit Jahrhunderten Teil des Kirchenjahrs der weltweiten Christenheit. An diesem Tag erinnern sich Christen an die Verstorbenen und denken an das ewige Leben, in das diese bereits vorausgegangen sind. Der Begriff Ewigkeit meint die Zeit, in der wir Menschen mit Gott unmittelbar zusammenleben. Während unser irdisches Leben endlich ist, ist die Ewigkeit unendlich. Gott regiert „von Ewigkeit zu Ewigkeit", und wir Menschen sind dazu berufen, diese Ewigkeit mit Gott zu verbringen. Für spirituelle Menschen ist die Ewigkeit ein Sehnsuchtsort, auf den sie zuleben, weil sie dort von der Güte Gottes umfangen sind. Denn, so sagt es Psalm 106: „Danket dem Herrn, denn er ist freundlich, und seine Güte währet ewiglich."

Durch das Neue Testament zieht sich dieser Gedanke der Ewigkeit, also einer Zeit jenseits unserer Zeitmessung, einer Unendlichkeit, in der die Güte Gottes regiert. Das Neue Testament schließt mit der Offenbarung des Johannes, die wiederum gegen Ende die Thematik der Ewigkeit ausführlich aufgreift. Weil dieses Buch in die Heilige Schrift aufgenommen wurde und von allen christlichen Kirchen seit 2000 Jahren als Gottes Wort gedeutet wird, haben die Aussagen darin für mich einen eindeutig anderen Stellenwert als die Nahtoderfahrungen unserer Tage.

Für gläubige Menschen lüftet die Offenbarung ein Stück weit das Geheimnis ewigen Lebens. Sie gewährt uns einen kurzen

Blick „hinter den Vorhang“. Sie tut es in Bildern der damaligen Zeit, die wir heute neu deuten und uns zu eigen machen müssen. Dann werden sie auch für uns wertvoll. Hören wir auf einige Verse:

> Und ich sah einen neuen Himmel und eine neue Erde; denn der erste Himmel und die erste Erde waren vergangen, und das Meer ist nicht mehr. Und ich sah die Heilige Stadt, das neue Jerusalem, aus dem Himmel von Gott herabkommen Und ich hörte eine laute Stimme vom Thron her sagen: Siehe, das Zelt Gottes bei den Menschen! Und er wird bei ihnen wohnen, und sie werden sein Volk sein, und Gott selbst wird bei ihnen sein, ihr Gott. Und er wird jede Träne von ihren Augen abwischen, und der Tod wird nicht mehr sein, noch Trauer noch Geschrei noch Schmerz wird mehr sein; denn das Erste ist vergangen. (Offenbarung 21,1–4)

Was sind die Schlüsselaussagen dieses Textes, und was bedeuten sie für unseren Glauben?

Erstens bedeutet der Text, dass unsere Erde eines Tages an ihr Ende kommen wird. Sie wird durch eine neue Erde ersetzt, und Gott selbst bestimmt dafür den richtigen Zeitpunkt. Ohne eine Endzeitpanik schüren zu wollen, ist die Vorstellung, dass unsere Welt endlich sein könnte, heute für uns alle einsichtig, sie ist erstmals in der Menschheitsgeschichte eine realistische Möglichkeit geworden. Vor zweihundert Jahren konnte man nicht ahnen, dass sich die Menschheit durch eine Atombombe selbst vernichten könnte. Keiner kannte den Begriff Klimakrise. Globale Zusammenhänge sah man in dieser Form nicht, und der Raubbau an unseren Ressourcen ist erst ein Problem der letzten Jahrzehnte. Dass die Welt endlich ist, ist eine Einsicht, die durchaus nicht von der Hand zu weisen ist.

Zweitens sagt der Text, dass Gott selbst unter den Menschen wohnen und uns nahe sein wird wie nie zuvor. Die Art und Weise, wie sich Gott zu uns verhält, wird anders sein. Heute leben wir in einer endlichen, fehlerhaften, von der Vergänglichkeit gezeichneten Welt. Dann aber wird Gott, der Ewige, in unserer Mitte wohnen. Er wird „zelten", das heißt ganz nah, hörbar, erfahrbar, sozusagen als unser Nachbar in unserer Mitte sein. Der lebendige Gott ist kein König in einem von unüberwindlichen Mauern umgebenen Schloss, sondern ein Zeltnachbar.

Christen sind auf dem Weg, Wanderer in ein anderes Land.
Und diese Gewissheit macht hoffnungsfroh:
Hinter dem Horizont geht es weiter.

Drittens wird dem Leid und der Not, die unser Leben auf unserer Welt heute ebenso prägen wie die Freude, ein Ende gesetzt werden. Tränen werden getrocknet. Vielleicht ist das für viele Menschen das berührendste Detail dieses Textes. Ja, es wird viel gelitten in unserer Welt, und viele Tränen werden geweint. Während ich diese Zeilen schreibe, toben weltweit mehrere furchtbare Kriege, die Menschen in großes Leid stürzen. Gott, der Zeitnachbar, wird sich neben uns setzen und mit seinem großen Taschentuch unsere Tränen trocknen. Er nimmt uns in die Arme und wird uns alle trösten, die wir Schweres erlebt haben.

Es wird letztendlich keinen Tod mehr geben. Alles, was mit dem Tod verbunden ist, ist ein Zeichen dieser Welt. Endlichkeit, Vergehen, die Krankheit als Vorbote des Todes – all das wird zu Ende gehen. Der Tod, der in der Heiligen Schrift gelegentlich als eine Art Gegenmacht Gott gegenüber geschildert wird, wird nicht mehr existieren.

Man kann all das Gesagte mit der Aussage zusammenfassen: „Hinter dem Vorhang" werden vollkommene Gerechtigkeit, Liebe und Harmonie herrschen. Alles wird neu sein. Menschen, die eine spirituelle Sicht über das Leben haben, behalten sich diese Hoffnung auf ein Leben nach unserer Zeit. Sie geben sich nicht mit dem zufrieden, was heute erfahrbar ist. Nein, sie hoffen, und ihre Hoffnung macht sich an diesen Bildern und Worten fest, die sie im Alltag tragen. Deshalb ist für sie das Leben, bei aller Daseinsfreude und Weltzugewandtheit, immer auch auf eine Art ein Provisorium, eine Reise in ein anderes Land. Christen sind auf dem Weg, Wanderer in ein anderes Land. Und diese Gewissheit macht hoffnungsfroh: Hinter dem Horizont geht es weiter.

***

Was hält und was trägt uns als Menschen, die ein Leben leben, das spirituell verwurzelt ist? Vielleicht ist es etwas deutlicher geworden, dass dieses Leben einer Suchbewegung gleicht. Da ist auf der einen Seite die Notwendigkeit, gesunde Formen des Glaubens zu finden, sie einzuüben und eine gute Haltung dem Leben, mir selbst, meinen Mitmenschen und Gott gegenüber zu entwickeln. Damit haben wir ein Leben lang zu tun, und wir üben uns darin. Diese Übungen – Katholiken nennen das

Exerzitien – machen uns widerstandsfähig, sie verhelfen uns zu gesunden inneren Haltungen und lehren uns Bescheidenheit. Denn wir entdecken: Wir haben noch so viel zu lernen.

Als Menschen auf dem Weg lassen wir aber auch bewusst alle Formen von Spiritualität hinter uns, die uns nicht guttun. Glaube hat mit Loslassen zu tun und gelegentlich mit einem mutigen Heraustreten aus inneren und äußeren Umständen, die nicht mehr tragen. Am Ende tragen wir uns nicht selbst. Am Ende weisen wir uns auch nicht selbst den Weg, vielmehr gehen wir auf vorbereiteten Spuren. Sie mögen gelegentlich etwas verwischt erscheinen, uneindeutig, aber so ist das auf einer Reise in ein neues Land. Gelegentlich verlässt man die ausgetretenen Pfade und sucht nach neuen Wegen. Auf diesem Weg Heimat zu finden, ist ein Etappenziel der spirituellen Reise mit Gott. Seiner Zusage zu vertrauen: „Ich will dich den Weg der Weisheit führen; ich will dich auf rechter Bahn leiten“ (Sprüche 4,11).

Hinter dem Vorhang dann auch anzukommen, ist das endgültige Ziel einer langen Reise.

Anmerkungen

1. https://www.bpb.de/kurz-knapp/zahlen-und-fakten/soziale-situation-in-deutschland/61711/arbeitszeit-und-arbeitsvolumen
2. „Entspann dich, Deutschland!“ TK-Stressstudie 2021 (pdf), S. 8.
3. https://de.statista.com/statistik/daten/studie/12294/umfrage/ranking-der-groessten-geber-von-entwicklungshilfe/
4. Dreher-Richels, Gisela, *Spur im Sand.* Texte für unterwegs. Verlag am Eschbach, Eschbach 1983.

FSC
www.fsc.org
MIX
Papier | Fördert gute Waldnutzung
FSC® C014496

1. Auflage 2023
Bestell-Nr. 835360
ISBN 978-3-86334-360-6

Umschlagfoto: Shutterstock / art_of_sun
Umschlaggestaltung: Andreas Sonnhüter,
www.grafikbuero-sonnhueter.de
Satz: Greiner & Reichel, Köln
Druck und Verarbeitung: GGP Media GmbH, Pößneck
Printed in Germany